书山有路勤为径,优质资源伴你行
注册世纪波学院会员,享精品图书增值服务

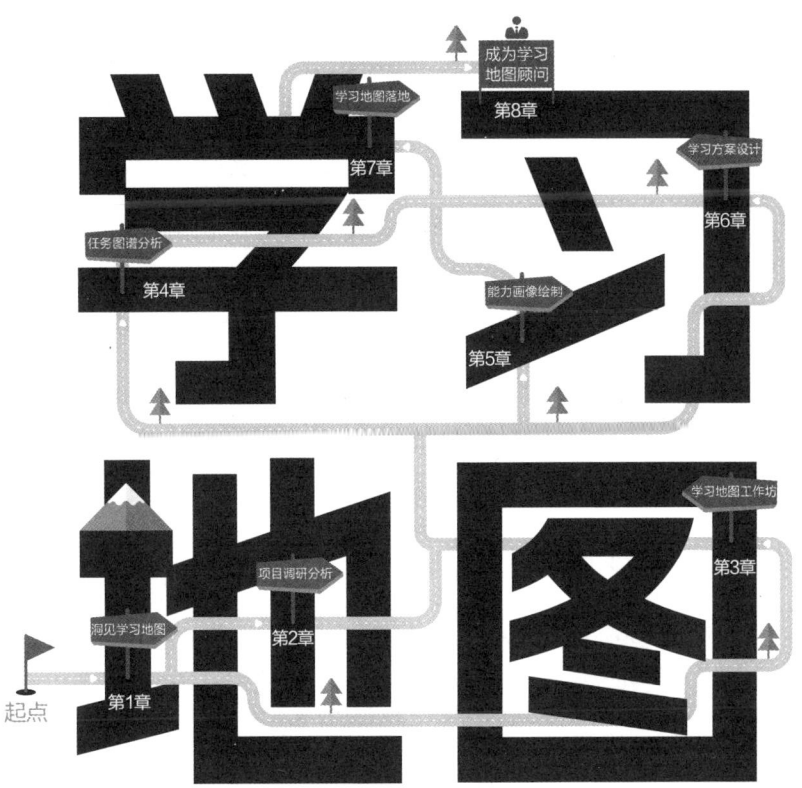

学习地图

· 打通人才发展与业务发展的链接通道 ·

韦国兵 著

电子工业出版社
Publishing House of Electronics Industry
北京·BEIJING

未经许可，不得以任何方式复制或抄袭本书之部分或全部内容。
版权所有，侵权必究。

图书在版编目（CIP）数据

学习地图：打通人才发展与业务发展的链接通道 / 韦国兵著 . —北京：电子工业出版社，2023.9

ISBN 978-7-121-46351-8

Ⅰ.①学… Ⅱ.①韦… Ⅲ.①学习方法 Ⅳ.① G442

中国国家版本馆 CIP 数据核字（2023）第 175535 号

责任编辑：杨洪军
印　　刷：天津千鹤文化传播有限公司
装　　订：天津千鹤文化传播有限公司
出版发行：电子工业出版社
　　　　　北京市海淀区万寿路173信箱　邮编100036
开　　本：720×1000　1/16　印张：12.25　字数：196千字
版　　次：2023年9月第1版
印　　次：2023年9月第1次印刷
定　　价：58.00元

凡所购买电子工业出版社图书有缺损问题，请向购买书店调换。若书店售缺，请与本社发行部联系，联系及邮购电话：（010）88254888，88258888。
质量投诉请发邮件至zlts@phei.com.cn，盗版侵权举报请发邮件至dbqq@phei.com.cn。
本书咨询联系方式：（010）88254199，sjb@phei.com.cn。

推荐序一

学习地图，让人才发展回归业务需求的本质

伴随着产业与企业的数字化转型，绝大多数企业都面临着如何提高人才培养的速度和效度的问题。在与企业高管、人力资源培训负责人的交流过程中，我们也常常听到如下困惑：

- 如何构建一套核心人才复制机制，支持企业的快速发展？
- 怎样才能科学地规划核心人才的培养路径和学习体系？
- 培训工作如何在业务端提供更系统有效的正向影响？
- 如何确保人才培养体系的企业属性、业务属性，实现业培融合？

这些问题都和学习地图技术有着千丝万缕的联系，涉及学习地图的规划、绘制、落地、应用等各阶段。学习地图技术恰恰在分析培训需求、打通培训与人力资源的连接、确定培训策略、开发学习资源、评估培训效果等诸多方面，为业务部门、培训部门和员工个体提供了一个三方统一协作的视角。无论是企业管理者、人力资源管理者还是培训从业者，在阅读《学习地图》一书后都能从中汲取营养，丰富自己的人才培养思想。

国内大多数企业的培训体系构建经历过一轮以能力模型驱动的建设周期，其在落地应用中遇到了很大挑战，将"赋能于人"与"业务发展"割裂开来，产生了"工学矛盾""工教矛盾""培训过度、学习不足"等现状。再遇上碎片化学习大行其道，培训体系的构建出现了太多误区，这也让培训

从业者对其本义有了误解。如今回归到以业务发展驱动的关键人才培养体系建设（学习地图），越来越多优秀企业，无论是快速变化的移动互联网头部企业、智能制造高科技龙头企业、通信金融等服务型企业、快消品全产业链运营企业，还是快速成长型、创新型企业，对人才的渴求、对人才复制的期待、对人才复制机制的探索都将投入越来越多的精力。

我本人在中国连锁经营协会工作近20年，一直从事行业人才培养与发展工作。我与国兵老师相识于"中国连锁行业人才培训体系标准化建设"项目上，国兵老师作为专家引导我们的会员企业（沃尔玛、京东、阿里、华润万家、苏宁等30多家单位）开展了行业人才标准化体系建设研讨，中国连锁经营协会结合学习地图研讨共创的成果发布了《中国连锁企业人才培养体系建设标准》。从2018年开始，我们连续两届聘任国兵老师担任中国连锁经营协会行业人才培养工作委员会的专家，他为连锁行业人才发展工作提供了大量的智力支持，并围绕人才发展相关的技术研究与传播倾囊相助。

《学习地图》一书的出版，是国兵老师在人才培养领域十多年实践探索、理论研究的成果结晶，本书内容自成一套完整方法体系，既有丰富的操作工具箱，又有多元化的企业案例。相信本书的出版，既能帮助培训从业者和业务管理者站在更高的视角看待人才培养工作，又能作为在构建企业级培训体系时的一本案头参考书、工具书。

培训从业者要成为战略落地的推动者和业务合作伙伴，这已是行业共识。企业内部的培训从业者学习"学习地图"，甚至转型为"学习地图顾问"，能发挥更懂行业、更理解企业、更熟悉业务的优势，让学习地图的构建更业务导向、更科学敏捷、更落地可控。

郭玉金

中国连锁经营协会常务副秘书长

推荐序二

扎根实践 着眼落地

在从事企业培训行业平台运营的20年中,我有幸见证了成千上万培训从业者从职场新人到培训达人的成长历程,也有幸交往了大量从甲方企业成功转型到乙方机构的学习专家,国兵老师就是其中一位良师益友。

第一次见到国兵是2013年在北京的一个雪夜,当时他刚从广东移动加入百年基业。初次见面,我对他就颇有好感:爽快、健谈!推杯换盏中,我们回顾广东移动辉煌的培训发展历程,指点蓬勃发展的企业培训市场,相谈甚欢。十年过去,我依然清晰记得那个寒冬里热情的夜晚。

2016年,我在筹备CSTD(中国人才发展平台)首届企业学习设计大赛时,他主动帮忙说服好几家优秀企业客户参赛,并对参赛项目进行辅导,最终多个项目获奖。其中,"基于学习地图成果落地的在岗辅导项目""内训师学习地图及成果推广项目"分别获得广州赛区金奖第一名、北京赛区金奖第一名。

由此,我开始关注国兵在学习地图领域的专业实践。他在过去十多年、数百次的项目实践中,不断融合多种单点学习技术和理论,形成了一套独有的科学、系统、实用的学习地图构建体系。

经过大量客户调研和多方市场对比,2020年CSTD决定和他独家合作开展"CSTD学习地图顾问认证"项目。在认证项目规划时,我就鼓励他将来一

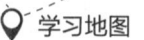

定要把自己的实践经验和研究成果出版专著，让更多的学习管理者受益。

如今，经过三年磨砺的《学习地图》一书终于面世啦！这是一本扎根于企业实践、锤炼于成功案例、着眼于实操落地的专业好书。在我看来，本书有三大特点：

一是够系统。学习地图的构建是一个自上而下的过程，本书的内容安排同样如此。先从学习地图的原理和概念出发，与读者达成理解共识；到项目前期准备，讲述调研实施与分析；再到工作坊的设计安排，详谈学习地图具体点、线、面的设计，全面介绍学习地图技术的应用和实践。可以说，阅读本书相当于系统参与了一次学习地图项目构建的有效实践。

二是够实操。大家阅读专业图书很害怕一个问题，就是图书过于抽象和理论化。国兵有着丰富的学习地图实践经验，他在本书每个操作环节均匹配了相应案例以供读者参考，最大程度上保证读者看完就能上手。就拿学习地图工作坊物料准备这一节来看，需要哪些表单、哪些活动用具，全部列在一个清单上，非常清晰。如果读者在学习地图应用层面还存在一些障碍，请千万不要错过本书。

三是够落地。对于企业而言，任何一个学习项目的最终目的都是让员工的学习得到有效转化，进而提高企业的绩效和竞争力。"学习地图的成果是静态的，学习地图成果的应用是动态的。"为了不让学习地图的成果束之高阁，本书特别用一章的篇幅，从年度培训计划制订、学习资源开发管理、内训师队伍建设、学习项目交付管理等方面，讲述学习地图的动态应用。相信有了这些专业指导，读者定能将学习地图与现有培训体系更好地结合起来。

此外，本书不仅关注技术应用，更关注个人发展。了解学习地图技术，是成为学习地图顾问的第一步。书中提供的专项能力测评，能够帮助读者了解自己在学习地图顾问这条职业路径中所处的位置，并明确想要进一步纵深发展的方向。对于想要建立系统科学的学习地图知识体系，并想在这条专业路径上有长远发展的人士，本书无疑是一本不可多得的宝典。

在本书的创作过程中，国兵也曾有过把全部干货写出来会影响现有业务的疑虑。确实，无论是甲方还是乙方，都可以参照本书开展学习地图构建工作。但我们经过讨论，达成共识：真知探索，永无止境！他可以毫不保留地贡献自己现有宝贵的经验和成果，但未来随着知识更新的速度加快，业务场景的错综复杂，学习地图构建的方法技术也会有动态变化，希望跟广大读者共同探索。

简言之，本书详细阐述了学习地图的方法原理，同时深入探讨了实施过程和落地效果，是一本内容全面翔实的学习技术参考书。同时，对于想要开展学习地图项目的企业或个人来说，本书提供了丰富的案例和工具，称得上是一本实操工具书。无论读者是想要了解、掌握学习地图技术，还是想要借助学习地图提高组织绩效，都能从中受益。

熊俊彬
CSTD创办人

前言

"人才不是企业的核心竞争力，人才复制机制才是企业的核心竞争力。"因为对企业来说，人才可能随时流失，甚至所有人才终将离去。只有企业拥有了成熟的人才复制机制，才能保证所需的人才源源不断地涌现，从而持续为企业输血、为业务赋能。

学习地图是企业建立人才复制机制的核心技术。学习地图是在业务变革与发展过程中，企业根据员工不同成长阶段的工作场景和任务要求，设计对应的学习主题、学习内容、学习方式和学习顺序，为员工提高能力、加速成长提供指引，从而助力业务发展，提高员工个体与组织的绩效。

在过去十年中，随着学习地图在越来越多企业中的应用，该技术体系日渐成熟，呈现出业培融合、敏捷高效、千人千面、统合综效四个特征。

特征一：深度卷入业务部门共建学习地图——业培融合

企业践行"业务驱动、任务导向"的原则，以任务场景分析为依据，以关键挑战和能力短板为抓手，以任务场景类学习主题为主导构建学习地图的内容，让学习地图成果与岗位特性、业务需求的联系更紧密。主要表现在，一是在项目发起阶段，充分理解企业诉求，并且通过学习地图项目去实现这些诉求，把人才发展和业务发展统一起来。二是在学习地图的构建过程中，企业通过引导共创技术，让学习地图的用户和客户深度参与，强化利益相关方对技术方法、流程过程、项目成果的理解与认同，便于成果的应用推广与价值创造。

特征二：围绕价值创造推动构建方式升级——敏捷高效

敏捷不是偷工减料，不是在传统项目中减少几个步骤或者直接牺牲质量换时效。敏捷的本质是，企业在流程最优化的同时发挥用户的能动性，实现低成本的高效产出。学习地图项目构建需要敏捷，一是与企业内外部学习资源相对接，无须从零开始，实现资源整合；二是与任职资格、能力模型等人力资源体系内容相对接，不做重复工作，实现体系融合；三是通过学习地图工作坊的方法，批量构建各主题的学习地图，提高产出效能；四是将学习地图的构建能力内化给企业内部的业务管理者和培训管理者，以便学习地图的构建和迭代在企业内更加自由和便捷。

特征三：成果落地中静态与动态的统———千人千面

学习地图的成果是静态的，不因所在区域、部门、个体的差异而不同，但学习地图成果的应用是动态的。每个人在学习地图上的不同位置，导致其学习路径是有差异的。当学习地图对象人数较少时，企业通过社群学习、人盯人、IDP（Individual Development Plan，个人发展计划）等方法就能够满足个性化的落地要求。当学习地图对象人数较多时，企业必须将学习地图的三件套成果[任务图谱（要求人）、能力画像（识别人）、学习方案（培养人）]与企业的线上学习管理系统相结合，通过智慧学习平台，满足学习地图成果应用落地中千人千面的诉求。

特征四：从系统角度建立培训体系各要素的关系——统合综效

从客户端的信息来看，学习地图最大的挑战常常是不落地或落地难。我们需要从培训计划衔接、学习资源配套、学习项目交付等维度系统思考，从而形成一个完整的学习地图成果落地体系。其中，培训计划是学习地图与企业当前战略、业务热点相结合的产物，为学习地图成果落地起到了头部方向指引和重点选择的作用。学习资源包括自学材料库、课程库、教材库、案例库、试题库、师资库、辅导手册等，以及相匹配的师资队伍，是学习地图成果落地的腰部支撑力量。学习项目是将学习地图的理想设计付诸行动，践行"培训提质、学习增效"理念的最终落脚点。

学习地图技术的使用者包括两类人，第一类是企业的培训管理者，他们负责协调内外部资源，构建关键岗位、特殊群体和关键业务的学习地图，并推动落地。第二类是企业的业务管理者，他们决定学习地图的内容，并使用学习地图帮助团队成员提高能力和绩效。这两类人的共同需求是，期望有一套学习地图的系统指引，一方面可以快速掌握学习地图构建的关键流程和工具方法，提高学习地图项目管理和团队培养的效能；另一方面可以将这套系统指引作为学习地图构建及落地的辅助材料，随时翻阅，完善企业的各类学习地图。正是这种需求，成为我撰写《学习地图》一书的初衷。

2016年，我开始构思《学习地图》和《引导式培训》两本书（学习设计系列丛书）的框架，但因学习地图技术体系的复杂性，中途一度放弃《学习地图》一书的出版计划，直到2020年在《引导式培训》出版两年后，《学习地图》的出版再次被提上日程。创作过程甚是艰辛、不易，但也有在完成一个模型创造、一个流程设计、一个工具定型、一个案例定稿后的快乐与成就感。

与创作《引导式培训》一书时的那种信手拈来、娓娓道来、一气呵成的状态稍有不同，这次多了份痛并快乐着的纠结。一是学习地图属于学习设计中的顶层设计技术，这一主题的内容比较复杂，不是单点的学习技术，而是一个完整的技术体系，涉及的学习技术的面更广，技术应用场景更多元。二是在撰写《学习地图》一书的过程中，学习地图技术仍在不断迭代，尤其是在不同类型灯塔级客户的学习地图项目实践中，方案流程、工具方法、成果标准等均在持续创新和升级。三是《引导式培训》一书出版后被众多优秀企业作为培训管理者、企业内训师的培养教材和任职考试参考书，客户和读者的重视让我在倍感欣慰的同时也心生压力和敬畏。所以在《学习地图》的创作过程中，我对每一章节、每个观点、每个工具方法，都需要细思量、慢落笔、多验证。

历经三年打磨，终于成书。本书内容覆盖了学习地图画布的各个节点，各章与学习地图项目工作场景一一对应，旨在帮助读者更好地管理或构建完整的学习地图项目。简言之，通过学习《学习地图》一书，培训管理者、业务管理者可达到如下目的：

- 能以业务为驱动、以任务为导向来理解和开展培训工作；
- 能学会任务分析，萃取业务经验，构建岗位/业务胜任标准；
- 会界定成长路径，绘制能力画像，更精准地了解和发展团队；
- 会设计综合学习方案，有序有效指导员工的学习成长；
- 能通过将学习地图与人力资源其他模块相关联，系统提高培训效能；
- 能通过学习地图样板间的打造，逐步塑造业培融合的学习文化；
- ……

百年优学被定位为"引导式学习设计专家"，致力于通过引导技术提高组织学习力与专业力，深耕企业学习力与专业力发展领域12年，在业内获得了广大客户和专业机构的认可与好评。本书的出版，要感谢百年优学团队的共同努力，要感谢曾经在学习地图项目实践中一起探讨交流的培训同人。本书的内容在很大程度上还得益于与那些灯塔级客户的共创，没有他们也就没有这本书。

在此，要特别感谢电子工业出版社晋晶老师对我的信任、鼓励和真诚无私的反馈，同时，感谢杨帆、王倩、许鸿、曹旭东、王杨、王瑾、刘婷婷、唐帆、李玲、韦亚平等各位老师在本书撰写过程中提出的具体的高价值建议。最后，还要感谢我的家人对我的理解和支持，鼓励并陪伴我一路前行。

韦国兵

2023年5月

目 录

第1章　洞见学习地图　　　　　　　　　　　　　　　001

　　1.1　初识学习地图　　　　　　　　　　　　　　002
　　1.2　走进学习地图　　　　　　　　　　　　　　008
　　1.3　学习地图画布　　　　　　　　　　　　　　019
　　1.4　学习地图与相关概念的关系　　　　　　　　026

第2章　项目调研分析　　　　　　　　　　　　　　　030

　　2.1　制订项目调研计划　　　　　　　　　　　　031
　　2.2　项目调研实施——资料查阅法　　　　　　　034
　　2.3　项目调研实施——访谈法　　　　　　　　　036
　　2.4　项目调研实施——问卷调研法　　　　　　　043
　　2.5　项目调研分析报告的制作与反馈　　　　　　045

第3章　学习地图工作坊　　　　　　　　　　　　　　048

　　3.1　关于引导技术　　　　　　　　　　　　　　049
　　3.2　当学习地图遇到引导　　　　　　　　　　　052

目录

| 3.3 | 学习地图工作坊议程设计 | 055 |
| 3.4 | 学习地图工作坊前期准备 | 061 |

第4章　任务图谱分析　　070

4.1	任务清单梳理	071
4.2	任务定义描述	083
4.3	典型任务分析	087

第5章　能力画像绘制　　097

5.1	知识词典和技能词典	098
5.2	素质词典	104
5.3	成长阶段划分	108
5.4	能力画像矩阵绘制	112

第6章　学习方案设计　　115

6.1	四种基础学习方式	116
6.2	开发自学阅读指南	121
6.3	开发课程体系（含在线学习和面授培训）	123
6.4	开发在岗辅导指南	135

第7章　学习地图成果落地　　140

7.1	学习地图成果落地体系四要素	141
7.2	学习地图成果落地与年度培训计划	143
7.3	学习地图成果落地与学习资源库	146
7.4	学习地图成果落地与内训师队伍	150

7.5	学习地图成果落地与学习项目	155

第8章　成为学习地图顾问　　162

8.1	何谓学习地图顾问	163
8.2	学习地图顾问的核心能力	165
8.3	学习地图顾问的成长路径	173

参考文献	177
名词解释	179
百年优学学习地图的五种服务模式	180

第1章

洞见学习地图

学习地图

"学习地图"这个概念由"学习"和"地图"两个词复合构成，简言之，学习地图就是关于某个群体或针对某个主题如何学习的"地图"，为学习成长提供指引。本章从学习地图的认知、定义、功能谈起，解读学习地图构建前如何做好对象规划，展示学习地图项目成果要素及项目成果案例，并通过对学习地图画布这一核心方法论的解析为读者呈现学习地图项目构建的主要环节。

1.1 初识学习地图

1.1.1 从地图到学习地图的认知

为了更好地理解学习地图这个概念，我们先从熟悉的地图谈起。作为一名咨询顾问，我需要经常出差，每到一个城市，地图导航都是使用频率很高的手机功能。打开地图软件，一个蓝色的箭头和你的头像会显示你所在的具体位置。输入"目的地"，会显示你想去地方所在的方位、距离；点击"路线"，会显示从你所在位置到目的地的距离，并且会显示驾车、打车、公交地铁、骑行、步行、代驾、飞机、火车、客车、货车、摩托车、新能源等多种出行方式。点击其中任一种出行方式，会显示对应出行方式的几种备选路线，有时间最短路线、红绿灯最少路线、收费最少路线、距离最短路线等。当你根据偏好选择具体的某一路径时，点击"开始导航"，地图软件即开始导航播报。按照它的指引，就能到达你的目的地了。

在这个生活场景里，地图包括个人定位、目的地标识、出行方式选择、路径规划、导航等常用功能。学习地图本质上也是一种地图，相应地，学习地图也应包含这些类似功能，只是要匹配学习这个特殊场景。上述功能相应地变成了能力现状（个人定位）、能力画像（目的地标识）、学习方式选择（出行方式选择）、学习内容和学习顺序设计（路径规划）、综合学习方案（导航）等。

第1章 洞见学习地图

除了"首页"的这些常用功能,地图软件页面的底部还有"附近""消息""我的"三个按钮(见图1.1)。点击"附近",显示的是周边资源,如景点、美食、加油站、休闲娱乐、超市、停车场、ATM机等;点击"消息",显示的是订单提醒、限行情况通知、道路情况通知、天气情况通知等;点击"我的",显示的是你曾经去过哪些城市,这些城市你去过多少个打卡点,你总共的出行里程有多长等信息。你还可以在这个页面下单打车、购买景点门票、预订酒店、加油以及其他"吃喝玩乐"。

图1.1 地图软件页面

同理,在学习地图场景中,"附近"这一功能对应的是学习资源,如企业的知识库、案例库、课程库、试题库、师资库、供应商库等的标识和搜索;"消息"对应的是各种学习活动和学习管理提醒,如针对不同阶段的学习推送、考试通知、培训报名等,以及新课上线、培训评价、作业催交等;"我的"对应的就是"我的学习地图",即解决学习地图成果落地时的千人千面问题,如你所在的成长阶段、已完成的学习记录、学习考核成绩、未来的学习计划等个性化内容。

例如,一名大学毕业生进入一家企业担任客户经理(助理级),企业给其提供了一套客户经理学习地图。像地图导航一样，学习地图清晰地告知其岗位的工作标准、能力标准、学习内容、学习时间、学习顺序、学习考核等，并且有资源、有推送、有记录、有考核，那么对其胜任新岗位并高质量成长一定大有裨益。

1.1.2 学习地图的定义

通过与"地图"这一概念的对比，我们对学习地图有了初步感性的认知。现在，我们给学习地图下个定义。学习地图（Learning Map）是指，企业根据员工职业发展不同阶段的工作场景和能力要求，设计其对应的学习主题、学习内容、学习方式和学习顺序，为员工提高能力、加快成长提供指引，从而助力业务发展，提高员工个体与组织的绩效。学习地图成果切片如图1.2所示。

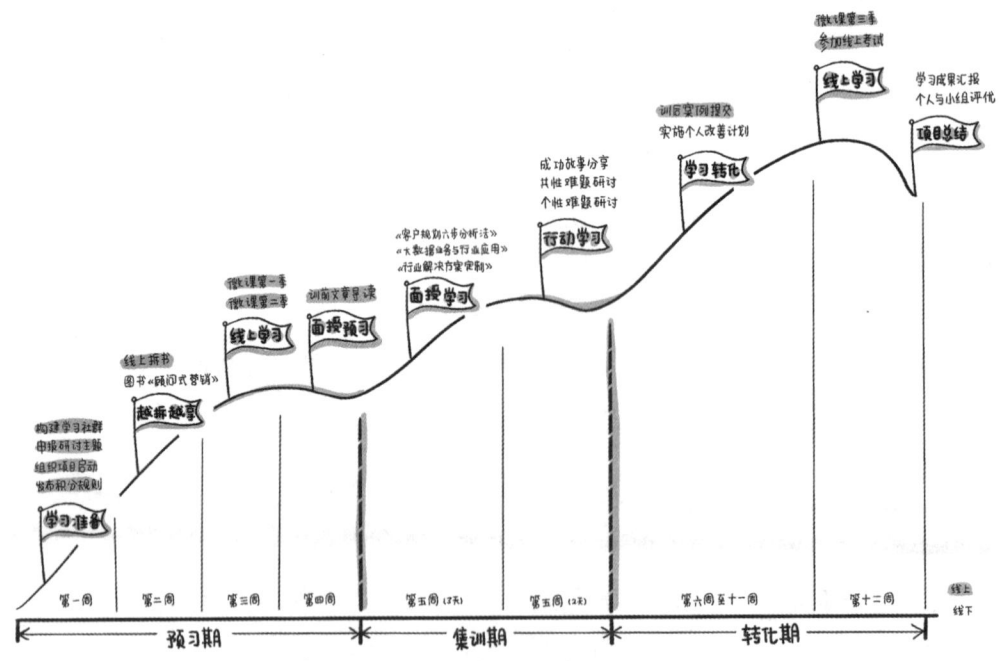

图1.2　学习地图成果切片（新任期方案设计）

理解学习地图的定义有三个关键。第一，学习地图构建的依据不是基于个人学习爱好,而是基于岗位的工作场景和能力要求。例如,组织变革、业务转型需要员工具备相匹配的能力;晋升到新的层级需要员工胜任更复杂的工作任务;公司有了新产品、新技术、新流程,都会促使员工有目的地去学习。所以,学习地图是有序的学习规划,是基于组织对岗位角色、岗位不同成长阶段的要求来设计的。

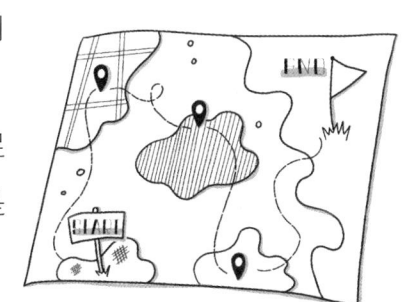

第二,学习地图的内涵包括基于业务发展和能力发展而设计的一系列学习活动,是员工在组织内学习成长路径的直接体现。在这一系列学习活动中,学习内容因工作内容的差异而多样化。同时,学习方式也是多元化的,既包括传统的课堂培训,又包括自学阅读、在线学习、面授培训、工作坊、在岗辅导、跨界学习、行动学习、担任内训师等。

第三,学习地图的直接目标是提高工作能力、胜任工作任务,终极目标是通过人才发展驱动业务发展,提高个体与组织的绩效。正所谓,没有学习地图,员工也会学习成长,学习地图的本质是减少学习废品、优化学习路径,让学习更有效、让成长更快速。

稻盛和夫在《稻盛和夫给年轻人的忠告》一书中,把人分成了三种:自燃型、可燃型、不燃型。"自燃型"的人,具有高度热情,他们很容易让自己"燃烧"起来,发光发热,甚至去点燃他人;"可燃型"的人,如同木块和煤块,只要遇到了火种,也能燃烧起来;"不燃型"的人,没有被点燃的可能性,即便有了火种,也可能无动于衷,甚至还会给他人泼冷水,起到阻燃的效果。

从学习地图的应用视角来看,10%的"自燃型"员工,他们有与岗位匹配的才干,学习能力强、学习驱动力高,处处留心皆学问,有无学习地图,他们都会成为出类拔萃的岗位精英。10%的"不燃型"员工,他们对组织毫无感情,抱怨工资低、任务重,抱怨所谓的工学矛盾、文化不公,抵触学习,有无学习地图,他们大概率都会逐步走向平庸,成为企业发展的拖累,乃至被淘汰。职场中的绝大多数(大概80%)员工都属于"可燃型",他们有学习的动力也有工作的压力,有学习的意愿也有学习的惰性,渴望成长但又不擅长高效学习。学习地图对他们的成长速度,以及在职场中所能达到的高度都有着绝对的正相关影响。"10-80-10"法则提示我们,在设计学习地图时除了关注两个10%的少数,更要解决80%的"绝大多数"员工的学习效率、成长速度问题。所以,学习地图的应用不仅要关注个体情况,更要从群体的视角来看待学习成长和工作目标的达成。

1.1.3 学习地图的三个核心功能

本节我们来谈谈学习地图的价值,即学习地图要实现的核心功能。学习地图不仅是一个静态的学习图表,还包含了这个图表背后的逻辑、推导过程和应用场景,我们把它的核心功能总结为照镜子、搭梯子、用尺子。

1. 照镜子:明晰岗位的三个标准

学习地图以工作任务为导向,实现从工作标准到能力标准再到学习标准的三统一,使每名员工都能通过学习地图找到自己所处的位置,为员工提供定位、对焦的依据,明确学习的方向和路径。

例如,某公司客户经理的学习地图要呈现出"优秀客户经理应该是什么样的"。客户经理不仅要能够陌生拜访、参加例会、产品营销推介,还要能够胜任客户经营、客户圈层规划、解决方案创新设计等工作,而后者可能是一名新客户经理暂时不能独立胜任的任务。如果有了工作标准,那么作为一名客户经理,通过学习地图这面镜子就能够看到自己的短板和不足,从而围绕工作标准持续学习,不断提升自己。通过学习地图这面镜子,员工可以知道自己目前处在什么成长阶段，从而找到差距和努力的方向。此外，HR及业务主管可以通过学习地图呈现的工作标准和能力标准在招聘选拔、培训辅导、调岗晋升、激励考核等方面进行对照参考，提高人才管理的针对性。

2. 搭梯子：提供清晰的学习成长路径

培训的痛点之一是，如何提高学习的针对性，降低学习废品率，即如何聚焦学习需求，用最有效的方式、最实用的内容提高学习效能，实现培训减负、学习提效。员工依照学习地图的要求参与学习和考核，将更快达成学习发展的目标，缩短成长周期。

例如，张晓明是汽车研发部门的一名仪表板工程师，学习地图界定了仪表板工程师共有五个成长阶段——助理工程师、责任工程师、中级工程师、高级工程师、主任工程师，并对每个成长阶段进行了定义，在工作年限、绩效指标、知识、技能、关键行为等方面都有胜任标准，而张晓明现在处于第三个成长阶段，即中级仪表板工程师的阶段。

一名中级仪表板工程师可以胜任竞品车型对标分析、制订仪表板子系统的开发计划、分析子系统造型面工程参数、发布仪表板子系统数据、解决装车问题等工作任务，但是在编制项目仪表板的产品定义、解决跨系统重大质量问题、制定技术发展规划等方面还不具备相匹配的能力，不能独立胜任。所以，他要通过什么样的学习路径才能达到更高阶段的水平呢？学习地图为员工提供了清晰的路径指引，告诉员工可以找谁学、什么时间学、学什么、怎么学、从哪里找学习资源等。如果没有学习地图的指引，在无序被动的学习状态下，员工需要更长的时间积累和更多经验的沉淀才能达到同样的能力水平，同时纠错成本过高，成长代价也会更大。

3. 用尺子：对标测量实现千人千面

在实际工作中，每个人现有的能力有差异，过去的经历也有差异，需要补的短板自然也不一样。管理者和员工通过与学习地图的对标,像尺子一样测量出员工的长短板,可以精确地分析出员工个性化的学习需求,制订出个人发展计划,从而实现学习地图成果落地时的千人千面。

下面以银行网点主任岗为例。有的网点主任是从风险条线的骨干岗提拔的,有的网点主任是从对公客户经理岗晋升的,有的网点主任是从财富序列优秀员工中选拔的,有的网点主任是从综合管理监督岗晋升的。从组织层面看,网点主任的角色定位、工作标准、能力标准和学习考核标准是一致的,都要懂业务营销、客户规划、风险管控、团队管理等。他们有共同需要学习的内容,但在落地时,因为这些个体的不同经历,他们实际需要补的具体"课"又是不完全一样的。

"每个个体的学习路径是有差异的,但学习地图在组织层面是统一的。"打个比方,北京有很多知名旅游景点,如果你是第一次去北京,那么天安门广场、故宫博物院、八达岭长城、奥林匹克公园、颐和园、圆明园这些景点可能是你的首选甚至必选。如果你是一位多次来北京的游客,那么琉璃厂文化街、当代MOMA、798艺术区、各类特色胡同等可能是你更想去打卡的景点。北京地图不会因为你是第一次还是第N次去北京而发生变化,同样的地图,因为每次的目的地不一样,旅游路线自然也就不一样。

1.2 走进学习地图

本节我们从更具象的视角出发,近距离剖析学习地图的内涵,包括学习地图的对象选择、学习地图项目成果要素等,并通过案例的形式帮助大家走进学习地图。

1.2.1 学习地图规划

从组织和整个学习体系的角度,企业需要系统思考学习地图的对象选择、时间安排、资源投入,从而保证学习地图构建与组织整体的人才发展规划相适配。现阶段,学习地图规划,一是来自对职位体系的梳理,即通过对职位体系的梳理和关键岗位的识别,形成组织层面学习地图的对象规划、时间规划、资源投入等;二是在此基础上结合特殊群体、关键业务进行学习地图对象来源的补充,同时辅以时间规划、资源投入,从而形成组织学习地图的整体规划。企业级学习地图规划全景图示例如图1.3所示。

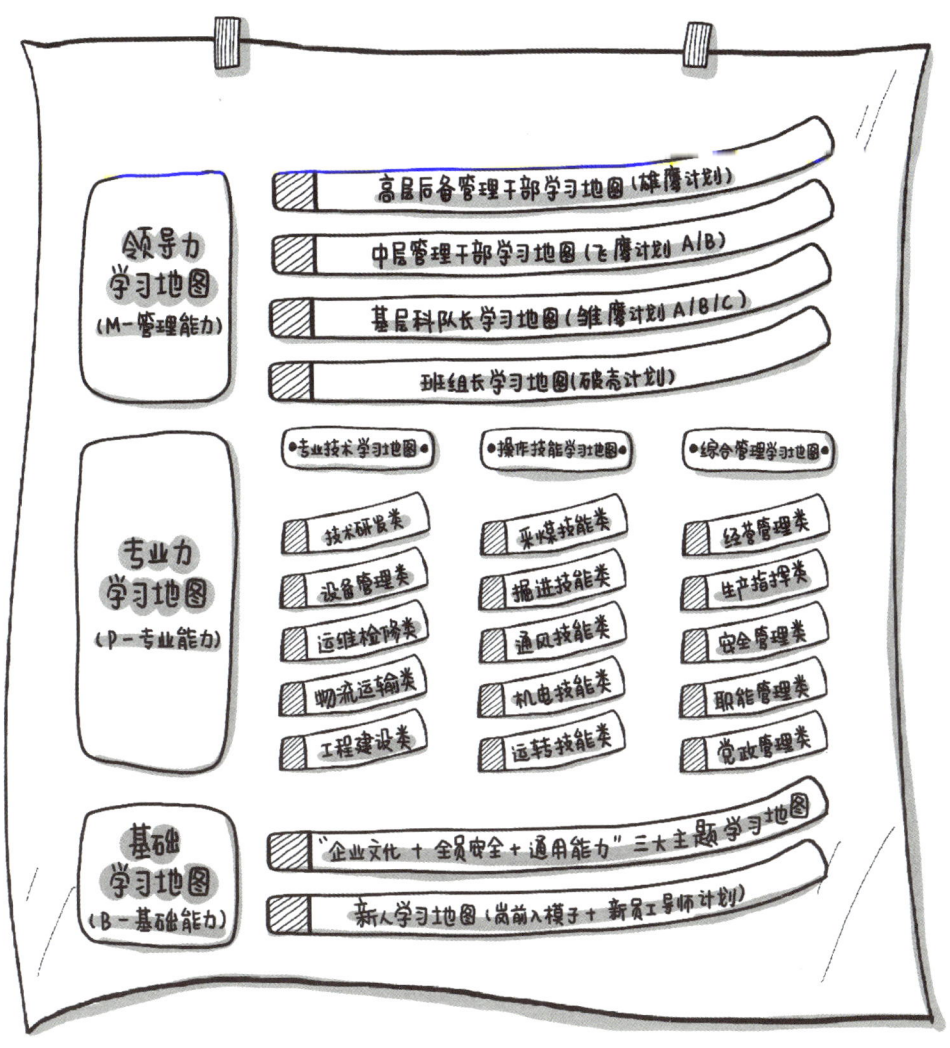

图1.3 企业级学习地图规划全景图示例

 学习地图

1. 梳理职位体系，确定规划方向

职位体系通常包括职类、序列、岗位、职位四个层级的要素。职类，即职业分类中最大的分类形式，是根据职业性质对职位进行最初步的划分，是横向对职位进行的最大划分，如业务、研发、生产、营销、职能、风控等职类。序列是针对同一职类，而工作范围、内容、复杂度各不相同的岗位进行集合而成的，真实地显示出不同岗位集的工作性质。例如，在业务这一职类中又可分为渠道序列、产品序列、客户服务序列等。岗位是对序列的进一步细分，是指一个专业类别的分支，是主要职责的归纳，如产品序列的硬件产品工程师、软件产品工程师、产品规划岗、产品市场经理等。职位是岗位和职级结合的体现，通常的表现形式是"职位名称=职级+岗位名称"。其中，常见的职级包括助理、初级、中级、高级、资深、专家、首席等，职位的表述方式如助理级客户服务、中级硬件开发经理、高级培训经理、首席风险管理岗等。

在梳理职位体系时，最常见的是，以岗位这一层级为对象发起学习地图项目，这类学习地图项目需求的颗粒度最符合系统性与针对性平衡的原则。以职类、序列为单位设计学习地图，因为工作内容差异太大，其学习设计差异自然也很大，这样的学习地图设计起不到针对性的作用。以职位为单位来设计学习地图，学习地图的成果是孤立的，看不到该学习体系与上下职级的连接，起不到照镜子的作用，在系统性上是不完整的。所以，一般都是将完整职级的职位整合在一起设计学习路径，即基于岗位的学习地图。

2. 识别关键岗位，确定具体对象

在职位体系梳理过程中，一个企业往往有数十个甚至数百个岗位。企业级学习地图的规划，不仅要将关键岗位的学习地图分别构建起来，还要盘点各序列、各岗位之间的能力要求与学习内容之间的关系，包括企业级通用能力学习内容、序列级通用能力学习内容以及岗位专业能力学习内容的不同组

合。从投入产出比方面考虑，学习地图规划的落地是一个循序渐进的过程，因此，好钢要用在刀刃上。这也是我们在学习地图之前加个限定词（如关键岗位学习地图、关键业务学习地图、核心组织能力学习地图）的原因。

如何识别关键岗位？一般来说，关键岗位有三个要素，即岗位与组织绩效的相关性、岗位的工作复杂度、岗位的人数规模。

岗位与组织绩效的相关性：在资源有限的情况下，培训管理者首先要考虑与公司核心业务紧密联系的那些岗位的学习规划，力争使人才培养直接作用于企业效益的提高。服务型企业中的客户经理、店面经理、渠道经理、理财顾问等，制造型企业中的研发工程师、质量管理、锻造机长、工段长等，互联网企业中的产品经理、采销经理、系统架构师等，这些岗位都是常见的学习地图目标岗位的首选。

岗位的工作复杂度：如果一个岗位的工作复杂，且对经验与能力的要求较高，其培训的复杂性就会提高。在一家世界500强企业中，中国区打印机事业部有个岗位叫作市场开发经理，其核心职责是通过产品线管理交付，对产品在中国的盈利负责，包括产品生命周期管理、定价、渠道、品牌、客户、资源、营销、公关等各个方面。虽然该岗位不直接带领团队，但其职能复杂，跨越规划、计划、执行、监督等层面。该企业现有的市场开发经理都是从拥有10年以上销售管理经验的业务骨干中提拔的，而现阶段的培养更多是靠筛选和师带徒，没有系统的培训方法。所以，在选择学习地图的关键岗位时，事业部总经理毫不犹豫地把这个岗位列为学习地图规划的首选对象，并亲自参与了该岗位学习地图开发的全过程。

岗位的人数规模：岗位定编人员数量越多，代表着其人才培养工作标准化、统一开发的价值越大，学习地图受益的人越多，项目的投入产出比越高。例如，某企业财务部的经营分析岗有三人，直接有效的人才培养方式就是制订个人发展计划，提供导师的在岗辅导。在此基础上，辅以"送出去"

参加个性化专业课，参加企业内训提高综合能力等，这时选人比育人更重要。某企业有100名精算师，仅靠个人发展计划、师带徒进行人才培养会有很大风险，执行标准不一，落地难度也会加大，这时统一的培养标准和学习指引自然更加迫切和有价值。仅靠"选对人就能一劳永逸"已不切实际，而育的层面的规划越来越重要。

学习地图规划如表1.1所示。

表1.1　学习地图规划

序号	职类	序列	岗位	人数	行业认证	绩效相关性	工作复杂度	业务支持度	时间规划
1					是/否	高/中/低	高/中/低	高/中/低	
2					是/否	高/中/低	高/中/低	高/中/低	
3					是/否	高/中/低	高/中/低	高/中/低	

3. 以特殊群体为对象的学习地图

在以群体为对象的学习地图规划中，除了从职位体系梳理出一系列重点岗位，还有一些群体不是以岗位来划分的，而是以层级、特殊角色来划分的。例如，领导力学习地图并不是针对某个具体管理岗位，而是同一层级管理者的集合。其他的特殊群体还包括新员工、管培生等。

领导力学习地图不是以岗位职责来划分而是以管理层级来划分的。因为管理通道与专业通道是两大并列的体系，管理岗学习地图如果以岗位为单位进行开发，数量巨大，重复度太高，所以通常采用矩阵方式，即专业通道中相应的专业力学习地图与领导力各层级学习地图进行结合。领导力学习地图通常分为基层、中层、高层三个层级，每个层级又可分为新任期、成长期、成熟期三个阶段。大型集团化企业可以在此基础上辅以事业部、专业公司、职类的分类。例如，某集团省级分公司中层干部领导力学习地图、某集团食品板块基层经理学习地图、某公司技术通道中层干部领导力学习地图。管理岗所在序列的专业力学习地图和领导力各层级各阶段学习地图相结合就形成了完整的管理岗学习地图。例如，某集团分公司采销部经理是分公司中层干部，其学习地图就是由采销部经理岗专业学习地图和分公司中层干部管理学习地图结合而成的。

特殊角色学习地图包括新员工学习地图、管培生学习地图、后备干部学习地图、全员学习地图（通用能力）、技术专才学习地图、金融领军人学习地图等。此类学习地图可以结合分层、分类形成更有针对性的学习地图，例如，新员工可以按照入职时间和入职渠道形成一个矩阵，分为校招类岗前学习地图、校招类入职一年期学习地图、社招类岗前培训地图、社招类一年期学习地图等。

4. 以关键业务为对象的学习地图

无论是通过职位体系梳理确定的关键岗位，还是以特殊群体的来源确定的岗位，都是从人的角度出发的，即基于关键群体的学习地图。相应地，还有一种是从事的角度出发直接开发的学习地图，即基于关键业务的学习地图。当然，人和事、岗位和业务是息息相关的，每个岗位都有其独特的业务价值和任务使命。学习地图以关键群体为对象，更容易执行和落地，从用户的视角学员可以在学习地图成果落地时更好地参与进来，这是学习地图项目来源的主流。实际上，有些特殊情况，如某业务的相关岗位比较分散，或者某业务涉及的岗位的职能交叉重复的内容较多等，也会基于关键业务来设计学习地图项目，其技术路径是一致的。本书后续均以关键群体学习地图为例进行解读。

例如，在一个化妆品CS门店，其设置了店长、储备店长、收银、美容顾问、养发护理专家、彩妆教练、督导经理等几个关键岗位。按照传统方式，如果企业规模足够大，就可以对店长、美容顾问、彩妆教练等几个关键岗位分别设计学习地图。但考虑到这些岗位工作内容的相关性较高，所需的产品知识、业务技能有较多交叉，企业现阶段的规模不大，部分岗位人数较少等因素，我们最终决定实施CS门店经营效能提高学习地图项目。其技术路径和关键群体学习地图是一样的，也是遵循战略与业务分析—角色与能力分析—学习内容分析—学习方式设计的基本逻辑。将实体渠道门店业务作为一个整体来考虑，优点是更加聚焦业务视角，完整性更高，效能更快。挑战是，如何做到重点突出、针对性强，在执行时如何与各岗位需求关联起来，如何根据人员规模、培养目标对学习地图的各个模块进行结合，从而更好地落地。

1.2.2 学习地图项目成果要素

学习地图在不同的企业有不同的叫法，如学习阶梯、成长阶梯、培训体系、学习体系、积分课程体系、学习路径、学习旅程等。不论学习地图的名称是什么，它都要解决六个问题，称为学习地图项目成果六要素（见图1.4），这也是评价学习地图真伪和完整性的六个维度。如果学习地图项目成果具备了这六要素，学习地图的价值就能发挥出来。

图1.4 学习地图项目成果六要素

1. 干什么——方向

"干什么"从组织层面出发，明确岗位价值和角色定位，梳理岗位的任务图谱。"干什么"是"学什么"的依据，所以任务图谱的梳理是学习地图构建的基础，也是将人才发展和业务发展相结合的重要保障，解决了学习地图中"为什么学"的问题。

2. 怎么干——标准

"怎么干"分析完成任务的标准，包括具体工作内容、工作方式、常见挑战、应对举措与胜任标准等。这些分析是学习地图中学习内容设计的重要依据，使通用的任务名称有了个性化的内涵，体现了岗位之间的真正差异，是学习地图构建中最需要业务专家深度思考、精心研讨、达成共识的部分。当某岗位的工作方式还不成熟或者某岗位缺乏真正的内部专家时，企业可以通过外部对标来实现这一模块内容的补充，从而提高学习地图成果的引领性，不至于当学习地图成果一出现时，其学习要求就落后于业务要求，从而大大降低培训的针对性和有效性。

3. 缺什么——画像

"缺什么"回答的是岗位的成长阶段划分和定义的问题，即能力画像是什么样的。能力画像是学习地图制作的中间环节，连接了工作标准与学习标准两端。能力画像从工作标准推导而来，具体包括三个要素。一是知识，即顺利开展该岗位工作所需要知道和掌握的内容，如制度规范、作业流程、业务产品、工作标准、营销话术等。二是技能，即有效完成该岗位工作所必备的能力，是外在可观察的行为组合，如系统操作、客户拜访、沟通表达、数据分析、产品演示等。三是素质，即与该岗位工作相匹配的个人内在特征和才干，对工作热情、稳定性、专业优秀程度等产生影响，如诚信正直、坚忍抗压、人际敏感、业务洞察能力强等。将这三个要素与成长阶段进行匹配即构成了岗位不同阶段的能力画像，而能力画像的绘制则架起了从业务到培训的桥梁。

4. 学什么——内容

"学什么"即目标群体在不同阶段所需学习的内容是什么。这个环节的内在逻辑是将任务图谱和知识技能转化为具体的学习内容，从而帮助员工更好地胜任工作。例如，某研发工程师岗根据任务分析和能力画像，需要材料工艺知识、力学基础知识、基本测量技能等，但这些专业知识技能是在招聘时就需要考虑的，属于岗位前置性知识技能。此外，该岗位能力画像中涉及的装配工艺、模具知识、技术标准、调研分析、数据建模、研发测试等知识技能，需要在这个岗位上通过培训、实操才能更有效地获得。所以，需要对后者的具体内容进行定义和分析，这就是学习内容的来源，也是未来学习和考核的重点。

5. 怎么学——方式

"怎么学"即学习内容需要通过什么样的学习方式来传承，才能使学习效能最大化。不同企业的培训成熟度不同，其对培训方式的偏好也有差异。例如，企业是否有完善的线上学习系统、知识管理系统？现有内部课程库建设质量如何？辅导带教文化、学习氛围如何？……这些都将直接影响学习方式的设计。"怎么学"的第一种逻辑是，基于学习地图的四种基础学习方式（自学阅读、在线学习、面授培训、在岗辅导）将梳理出来的学习内容匹配进来；第二种逻辑是，基于每项学习内容去匹配合适的学习方式，确保不遗漏。通过两个维度的综合考量，生成学习方案。学习方式的设计原则是学习投入产出比，就像地图软件里有步行、骑车、公交地铁和打车等交通方式一样，方式本身没有好坏之分，却因目标差异有是否适合之分。针对同样的任务胜任与能力获取，学习方式可以是自我学习探索、上网请教专家、购买在线课程，也可以花更多的成本参加一个训练营，甚至聘请一个专业导师。到底哪种方式更合适？这与对工作任务、学习内容的分析息息相关，什么样的学习内容匹配什么样的学习方式从而使其学习投入产出比是最高的，这是"怎么学"设计阶段的基本原则。

6. 怎么管——落地

"怎么管"即根据企业特性、岗位属性、员工数量、整体能力等情况得出学习地图的推广应用计划,帮助学习地图成果落地。学习地图不仅需要目标对象的执行,还需要培训管理者的推动、业务管理者的参与。如果失去了监督与推动机制,学习地图的价值就会大打折扣。在不同企业,因行业特性和培训成熟度的差异,学习地图推广应用的做法各不相同。总结起来,"怎么管"至少在三个方面值得关注和借鉴:学习地图与年度培训计划的融合、配套学习资源的开发与引进、各关键成长阶段学习项目的交付管理。这三个方面也是学习地图成果落地模式中的三板斧,即分别发挥头部指挥、腰部力量、腿部行动的作用,共同推进学习地图的落地。

1.2.3 学习地图项目成果案例

在某快消品公司,在公司新三年的"有质量增长"战略引领下,渠道管理业务需要完成渠道转型、业务升级。在渠道子序列的12个岗位中,根据岗位与绩效关联度、岗位工作内容复杂性、人员数量等指标,结合公司培训体系现状,公司挑选了营销训战师岗作为今年学习地图项目构建的目标对象。营销训战师,即通过渠道赋能、渠道帮扶,帮助渠道提高能效,更好地销售公司产品的群体,又称渠道发展顾问。公司对营销训战师岗的能力要求很高,即需要懂业务、懂产品、懂渠道、会赋能、会管理,简称三懂两会。公司现有100多位营销训战师分布在不同区域,和公司1000家渠道、3万多家终端的能力建设、绩效达成息息相关。营销训战师学习地图项目最终有如下四个维度的项目成果。

1. 任务维度

第一个维度,即任务维度,是指分析和界定营销训战师的角色定位和工作场景,简称三角色九任务模型。三角色是指项目经理(Project Manager)、绩效管理(Performance Management)、培训师

（Trainer），合称PPT三角色。九任务是指渠道帮扶、业务宣导、活动规划及运营、绩效追踪、数据分析、绩效提高策略制定及推动、经验萃取、标准开发、培训赋能。同时，对九项任务的关键行为进行梳理和分析，明确九项任务分别的胜任标准以及所需知识技能。（干什么vs怎么干）

2. 能力维度

第二个维度，即能力维度，是指在工作任务胜任标准分析的基础上，划分和定义岗位的成长阶段，生成能力画像。其中，知识词典包括营销训战师的三类专业知识、两类公司知识、两类行业知识；技能词典包括市场调研、销售数据分析、样板打造等六大专业技能，以及互动控场、引导技术等四大综合技能；素质词典包括业务洞察、经营意识等六项核心胜任素质。（缺什么）

3. 学习维度

第三个维度，即学习维度，是指在分析学习内容时需要考虑该岗位当下面临的业务难点和重点。例如，在九项任务中，绩效追踪和数据分析是当前重点，那么在学习内容分析和设计时就要侧重于绩效指标定义、目标制定与分解、数据分类与提取、报表搭建制作、标杆树立和数据共享等能力的训练。这也是相同岗位在不同公司，其学习地图内容会有较大差异的原因。

同时，将学习内容分析与四种基础学习方式进行匹配，即自学阅读、在线学习、面授培训、在岗辅导。自学阅读指南包括行业资料、专业资料、规章制度、综合资料、经典书籍等；课程体系中在线课程和面授课程总时长占比在新任期、成长期和成熟期分别为5:5、4:6和3:7。课程体系中现有课程、内部优化、内部开发和外部采购所占百分比分别为26%、15%、38%和21%；任务场景类、知识原理类、技能训练类三种类型课程所占百分比分别为39%、28%、33%。（学什么vs怎么学）

4. 管理维度

第四个维度，即管理维度，是指项目组制订学习地图成果的落地计划。

具体包括：第一，师课同建计划，开发12门内部核心面授课程，培养36名内训师并进行授权；开发21门在线课程，赋能在线直播技术，推动在线课程快速上线和在线考试。第二，试点项目计划，在新任期、成长期、成熟期各挑选24名营销训战师，开展三个阶段的示范班，分别实施起跑计划、领跑计划、黄埔计划，将结合学习考核、岗位实践、业务指标提取等评价学习效果，助力业务发展。第三，在新的年度培训计划制订中，结合年度工作重点和人员能力现状，将营销训战师学习地图内容纳入年度计划中，以提高年度培训计划制订的效能和针对性。（怎么管）

1.3 学习地图画布

学习地图项目成果六要素提供了学习地图绘制的成果标准。那么，如何从组织层面让地图更完整、更科学和更精准，从而助力培训人的转型？学习地图画布（详见本书插页彩图）描绘了广义的学习地图项目的全流程及关键节点，该画布包括五个部分（这也是本书的内容框架和阅读逻辑，见图1.5）。

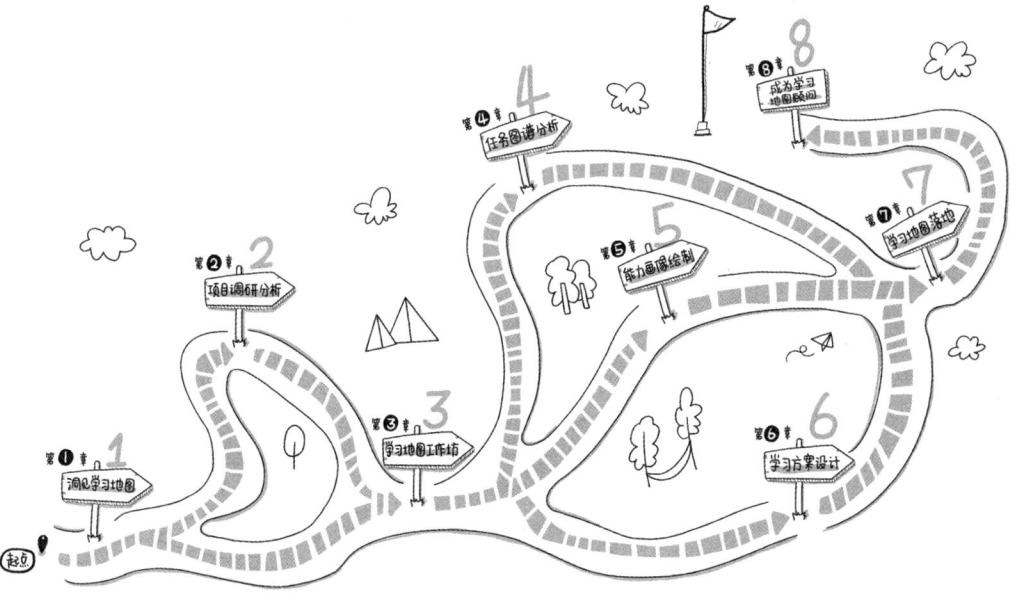

图1.5　本书的内容框架和阅读逻辑

1.3.1 学习地图画布内容解读

1. 项目发起与调研分析（第1~2章）

学习地图项目构建的来源，一是从职位体系梳理到关键岗位的学习地图，二是从关键人才发展视角到锚定特殊群体的学习地图，三是从业务发展视角到关键业务为对象的学习地图。在确定学习地图对象和启动学习地图项目后，调研分析是学习地图项目执行的第一个重要步骤，它既是确定学习地图项目目标和范围、收集学习地图素材、绘制学习地图的前提，也是学习地图顾问熟悉业务、岗位现状和深入开展工作坊引导而做的准备。调研分析主要分三步，一是制订调研计划，根据项目目标确定调研什么（WHAT），即明确调研的主要内容；确定调研谁（WHO），即根据调研目的明确调研对象；确定调研方法（HOW），即通过什么样的渠道、方式来获取所需信息。二是调研实施，包括资料查阅与分析、项目发起人访谈、管理者访谈、岗位标杆访谈、问卷设计与发放统计等。三是调研分析，包括项目调研分析报告的制作和向项目发起人汇报，就调研结论和下一步开发计划达成共识。

2. 实施学习地图工作坊（第3~5章）

学习地图工作坊，全称是学习地图项目专家共创工作坊，是将引导技术与传统过程咨询进行融合的产物。也就是说，在学习地图项目构建过程中嵌入专家共创工作坊，学习地图顾问通过引导岗位标杆、业务管理者来完成学习地图核心要素的开发，包括通过工作坊来完成任务梳理、任务分析、能力画像绘制、成长阶段划分、学习内容分析、学习方式设计等关键环节。

学习地图顾问需要根据前期调研结果对学习地图工作坊议程进行设计，包括参会人选择、关键流程设计、时间安排、引导工具匹配、学习地图成果模板开发等。在工作坊实施过程中，参会业务专家在学习地图顾问的引导下，按照学习地图工作坊议程完成学习地图成果1.0版本的开发。

3. 学习地图成果加工制作（第4~6章）

学习地图工作坊完成后，首先，学习地图顾问需要对工作坊研讨成果——学习地图成果1.0版本进行优化，如任务清单梳理、典型任务分析、能力画像绘制、课程内容描述等，并提交给项目组和业务专家代表确认定稿。其次，在研讨成果的基础上，学习地图顾问需要独立完成自学阅读清单、辅导带教手册、综合学习方案、学习地图手册等内容的推导与开发。再次，将上述两类成果进行整合，开展显性化的材料设计与开发，完成全套学习地图成果的制作。最后，生成学习地图项目成果报告，并提交给项目发起人、项目组进行审核、确认。

在学习地图成果制作过程中，将生成大量成果表单、过程推导数据与信息，归纳起来为三类，即任务标准类、能力标准类、学习标准类。具体的技术标准分别在第4章"任务图谱分析"、第5章"能力画像绘制"、第6章"学习方案设计"进行阐述。

4. 学习地图成果落地（第7章）

学习地图成果制作完成后如何落地？我们需要从计划衔接、资源配套、人员支持、培训实施四个维度进行系统思考，从而形成一个完整的学习地图成果落地体系。这四个维度体现在具体事项上，即年度培训计划、学习资源库、内训师队伍、学习项目。

年度培训计划是学习地图与企业当前战略、业务热点相结合的产物，为学习地图成果落地起到了头部方向指引和重点选择的作用；学习资源库包括自学材料库、课程库、教材库、案例库、试题库、辅导手册等，是学习地图成果落地的腰部支撑力量，有了年度培训计划这一指挥棒，但没有配套学习资源，学习地图就会"有心无力""想到做不到"，所以配套的学习资源是学习地图成果落地的关键一环；内训师队伍在企业内可以细分为授课讲师、经验萃取师、课程开发师、在岗辅导师、管理教练、共创引导师、行动学习催化师等不同角色，他们是驾驭学习资源、实施项目的中坚力量；学习项目是将学习地图的理想设计付诸行动，践行"学习减负、学习提效"理念的最终落脚点。

5. 成为学习地图顾问（第8章）

随着学习地图建设越来越强调企业属性、业务属性，并且学习地图构建过程越来越强调快速迭代、敏捷高效，培训经理越来越多地承担起学习地图顾问的角色，而学习地图规划与落地推动也成为成熟期培训经理的重要工作内容。

学习地图顾问，又称学习地图构建师，是指掌握调研诊断、工作任务分析、能力画像绘制、学习方案设计、学习地图制作、引导共创、辅导反馈等技术，在学习地图项目的不同阶段担任咨询顾问、引导师、学习设计师，完成学习地图项目成果构建并对学习地图项目成果质量负责的人员，包括咨询培训机构的专职学习地图顾问和企业内部的兼职学习地图顾问。近年来，越来越多企业开始培养自己的学习地图顾问，百年优学联合中国人才发展平台、中国连锁经营协会、中国引导师协会、中国企业数字化学习大会、北京百年基业、浙江世纪联盟、湖北楚师联盟等平台完成了50余期"学习地图顾问赋能与认证"（公开课），培养企业培训管理者1200余人。同时，还为华为、华润、阿里巴巴、字节跳动、招商银行、平安、用友、万科、伊利、蒙牛、OPPO等不同行业的数十家灯塔级企业完成了内部学习地图顾问的认证，覆盖了近1000名培训管理者和内训师。同时，在培伴App上的"引导式学习地图"在线课程（8节）一直是培伴App上最热门的学习技术畅销课之一，学习人数达22300人。

企业内部的学习地图顾问赋能方式有两种，一是在学习地图项目中边实践，边学习，通过参与项目总结、提炼并掌握学习地图的方法，并且将其内化为企业的能力；二是作为人力、培训、内训师、业务骨干等代表参与学习地图技术的学习，系统学习后再回到企业进行实践，并逐步内化。人员规模较小的企业一般选择参加外训公开课，人员规模较大的企业一般选择定制化内训。无论选择哪种方式，都可以将本书作为了解学习地图技术、管理学习地图项目、转型成为学习地图顾问的人员的重要参考，可以通过本书系统地学习学习地图的原理、方法、工具、案例。

1.3.2　学习地图画布应用案例

学习地图画布给出了学习地图项目从发起到应用的全流程。下面，我们通过一个学习地图案例来呈现学习地图画布在企业的实际应用场景。

1. 案例背景

城市经理岗是A公司负责核心产品在各区域渠道拓展与客户服务的主要力量，目前，公司在全国六大区域的城市经理群体约为500人。现阶段该岗位存在着缺乏系统培养方法、培训针对性不强、培养效能较低等问题。市场经营部门决定联合人力资源培训部门通过学习地图技术的应用来提高城市经理培训的系统性和针对性，完成队伍的轮训。城市经理学习地图及落地项目正式启动。

项目计划在一个月内完成学习地图设计，在两个月内完成学习地图配套学习资源开发，在九个月内完成分层级轮训、培训转化与评估，实现学习地图的落地。从第二年开始，持续按照学习地图的指引进行分层分类的培训交付，并根据业务发展变化对学习地图进行迭代升级。

2. 项目产出

学习地图成果集：城市经理任务图谱、城市经理能力画像、学习成长阶段定义、自学阅读指南、分层分类课程体系、综合学习方案。

学习资源成果集：核心内部课程包、在线课程（含微课）录制、辅导带教手册。

培训实施：完成500人的培训覆盖，包括在线培训及考试、面授培训及测试、训后实践作业提交与审核。

3. 参与人员

访谈调研：6人，其中，城市经理2人，区域经理2人，销售部总经理1人，培训负责人1人。

学习地图工作坊：18人，其中，城市经理10人，区域经理6人，销售支持岗2人。

课程开发工作坊：30人，2~3人负责一门课程的开发（含配套的在线课程和微课的录制）。

为了提高访谈和研讨的质量，在不同阶段的参与者中，针对业务骨干的选择，项目组确定了如下标准：要符合"经验、绩效、能力"三要素，要求参与人员在本岗位工作两年以上，绩效排名前30%，专业能力和综合能力突出，如专业精通、精准表达、正向思维等。

4. 关键流程

学习地图项目调研分析：一是与项目发起人沟通，明确需求成果。学习地图顾问与项目发起人即总部销售部总经理进行沟通，了解项目发起的背景，介绍学习地图的技术路径，双方就项目目的、目标、产出成果、评价方式等达成共识。二是开展资料分析，设计访谈提纲。学习地图顾问需要查阅战略与业务相关资料、组织架构及任职相关资料、业务培训相关资料等三类资料，并在此基础上设计未来进一步深入访谈调研的提纲，包括管理者访谈提纲和标杆访谈提纲。三是开展管理者访谈与标杆访谈。分别开展两位城市经理访谈、两位区域经理访谈和一位培训负责人访谈，获取翔实的与学习地图设计相关的信息。

实施学习地图工作坊：按照工作坊议程指引，在两天时间内引导18位业务专家按照百年优学学习地图工作坊"四维十步法"的指引完成任务梳理、能力画像绘制、学习方案设计三个阶段十个步骤的共创讨论，完成城市经理学习地图成果1.0版本的制作。

学习地图成果制作：在工作坊结束后一周时间内，学习地图顾问需要完成工作坊素材的整理与完善，并组织专家进行内容审核与反馈、学习地图手册编辑与定稿等工作。为了提高学习地图的传播效能，学习地图顾问对学习地图成果进行了可视化的设计与开发，并上线到公司数字化学习平台，完成学习地图在线功能的开发，并提交项目发起人、项目组进行审核、确认。学习地图顾问向项目发起人、项目组汇报学习地图完整成果，并提出未来学习地图成果落地的计划，包括资源盘点与开发、试点项目建议、上线推广建议等。

推动学习地图成果落地：一是开展师课同建项目，甄选重要性、紧急度高的10门待开发的核心内部课程，组建开发团队，完成经验萃取与课程成果的开发制作，并通过课程入库验收和内训师授权认证。二是开发《城市经理辅导带教手册》，针对区域经理进行辅导带教技术的轮训，制订各区域的辅导带教计划。三是根据综合学习方案，针对不同成长阶段的城市经理分别实施新任期城市经理启航项目、成长期城市经理领航项目、成熟期城市经理远航项目，并在试点的基础上进行项目内容的迭代优化和全面推广。四是在项目实施后对学习地图内容进行评估迭代，并根据年度培训需求调研，将学习地图纳入年度培训计划。

学习地图顾问赋能：在项目启动初期，从人力资源、培训管理、业务等部门选拔了10位业务骨干作为项目组成员全程参与项目，让他们在项目实践中观摩学习地图构建的方法。在项目结束后，对这10位候选学习地图顾问进行学习地图技术的赋能、复盘和答疑，帮助他们逐步掌握学习地图的操作方法和工具。在公司其他岗位学习地图的构建中，他们分别承担学习地图顾问角色。通过对学习地图顾问的赋能，提高了企业内部培训人才的专业度，强化了培训人员对业务的理解，提高了培训管理的效能。

1.4 学习地图与相关概念的关系

在实施各类学习地图项目以及对学习地图顾问赋能时，我们常常收到关于学习地图和某个概念的关系的问题，其中，学习地图与任职资格、培训体系、课程体系、经验萃取、学习资源等的关系是最常被提及的。

1.4.1 学习地图与任职资格的关系

任职资格（有的企业称之为人才标准、人才画像）界定了企业需要什么样的人，指出了员工应该符合什么样的条件、承担什么样的职责、做出什么样的贡献、掌握什么样的知识、具备什么样的潜质等，但并没有明确如何成为这样的人。学习地图则标示出如何获得这些知识、技能和胜任能力，从而多快好省地达到任职资格界定的标准。学习地图与任职资格相结合，可以作为企业核心人才选、用、育、留的标尺，形成任职资格—学习地图—学习资源—培训实施—考核认证—人才盘点的完整闭环。

在学习地图项目的实施中，如果企业已有相对清晰完善的任职资格标准，学习地图的绘制就有了较充分的依据，学习地图的构建就会更加敏捷高效，侧重于学习路径、学习内容、学习方式和考核方式等的推导和转化；如果任职资格体系还没有构建起来，或者现有任职资格基本无效，就要在前端的业务分析、任务分析中，中间的能力画像构建中，以及后端的学习路径、学习内容、学习方式规划上对学习地图同等重视，按照学习地图画布的全流程对学习地图项目成果要素进行共创与设计。

1.4.2 学习地图与培训体系的关系

培训体系，是指一个企业的培训工作得以有序运转的软硬资源、平台、制度、流程的总和，一般包括培训规划体系、培训资源体系、培训制度体系和培训运营支撑体系等。在培训体系的规划层、资源层、运营层、支撑层这四个层级里，学习地图位于培训体系规划层的末端（见图1.6），所以从培训体系构建的视角来看，学习地图是培训工作"上接战略与业务"，确保"做正确的培训"的牛鼻子，也是培训工作"下连落地与运营"，确保"正确地做培训"的指挥棒。因为其引领性的作用，学习地图也成为企业培训体系成熟度的评价指标之一。

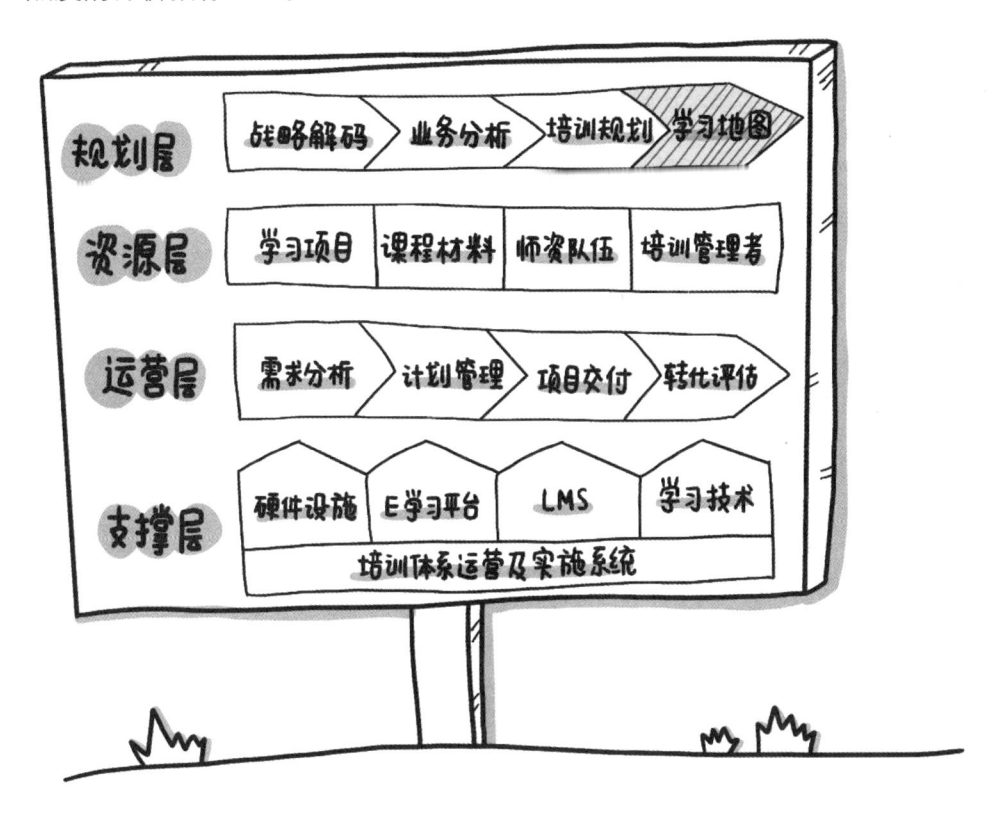

图1.6　学习地图与培训体系

1.4.3　学习地图与课程体系的关系

在学习地图的一系列学习活动中，既有在线学习和面授培训，又有自学阅读、微课学习、跨界学习、在岗辅导、研讨共创、测评与改进、行动学习等。一般来说，课程体系是学习地图成果的一个重要组成部分，而学习地图成果比课程体系应用了更多元的学习方式，学习地图的构建过程也更加强调推导的逻辑性和成果的科学性，课程体系的构建过程则更加简单和敏捷。

企业通常选择全员课程体系（更关注成果和结果，更简单敏捷）和关键群体学习地图（更关注过程和设计，更科学完整），这样的组合既关注了企业的绝大多数群体，又能将好钢用在刀刃上，聚焦关键。从辩证的角度来看，更复杂的课程体系可以演变成学习地图，更简约的学习地图可以转化为课程体系。

1.4.4 学习地图与经验萃取的关系

学习地图与经验萃取并不是同一个维度的专业名词，当二者在同一场景里时，学习地图是结果，经验萃取是手段。在学习地图的构建过程中，工作标准与能力标准的分析都需要从实际工作的优秀实践中萃取经验，从而使任务图谱与能力画像具有前瞻性和可落地性。经验萃取是学习地图构建过程中的重要技术手段之一。在学习地图的构建过程中，除了经验萃取，还需要调研访谈、引导共创、业务分析、能力建模、学习设计等其他技术手段。

1.4.5 学习地图与学习资源的关系

无论是基于关键业务还是基于关键群体的学习地图，其运转交付的首要条件就是各类配套学习资源的支持。这里的学习资源分为四类，第一类是企业研发的各类学习项目，包括项目方案、学习内容、学习资料、运营资料等；第二类是广义的课程资源，如知识库、案例库、面授课程、在线课程、辅导手册等；第三类是广义的师资源，包括授课讲师、在线直播师、课程开发师、案例开发师、辅导师、

答疑专家等；第四类是培训活动的组织者，包含班主任、培训助理、培训经理、学习发展经理、人才发展经理、训战师、销售支持等角色或称呼。

学习资源是学习地图成果落地的腰部支撑力量，没有这些配套的学习资源，学习地图就会有心无力、想到做不到，因此配套的学习资源开发是学习地图成果落地的关键一环。学习地图是学习资源开发的头部指挥系统，没有学习地图的指引，学习资源的开发就是零散的、应急式的。学习地图为学习资源建设提出了系统、具体的需求，聚焦了学习资源建设的发力点。

第2章

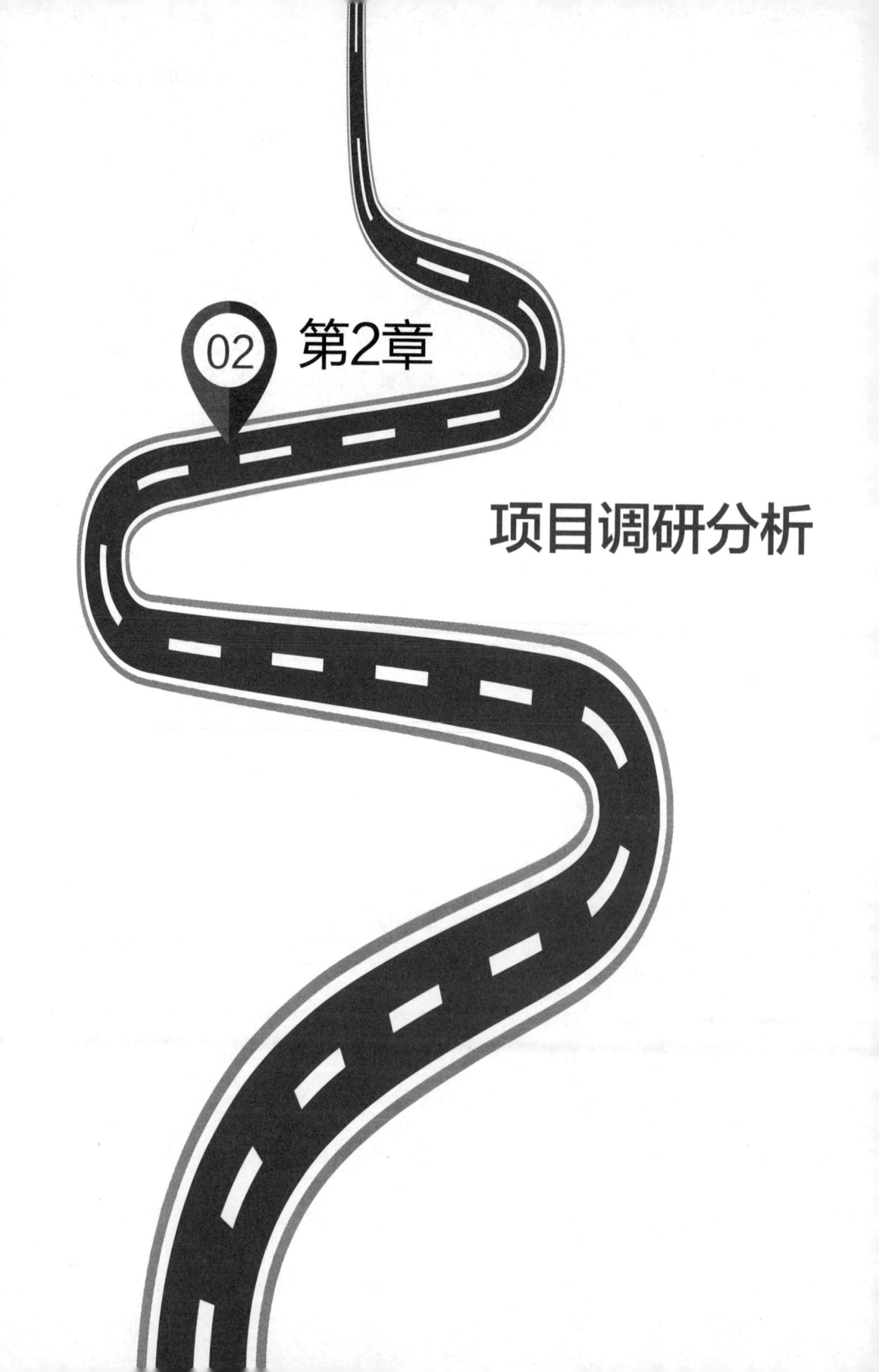

项目调研分析

第2章 项目调研分析

项目调研分析既是确定学习地图项目的目标和范围、收集学习地图素材的手段，也是学习地图顾问熟悉业务现状、岗位现状、培训现状，为更深入的工作坊引导而做的准备，是学习地图项目执行的首要环节。

2.1 制订项目调研计划

凡事预则立，不预则废。在项目调研之前，需要制订清晰的项目调研计划，调研计划要解决三个问题：一是调研什么（WHAT），即明确调研的主要内容；二是调研谁（WHO），即根据调研目的明确调研对象；三是调研方法（HOW），即通过什么样的渠道、方式来获取所需信息。

WHAT　　WHO　　HOW

在解决这三个问题的基础上，我们就可以设计出一份项目调研计划。它有两方面的作用：一是，它能够明确项目调研的流程和时间，便于项目执行团队统一步调，提高项目调研阶段的效率。二是，便于项目管理者及时了解项目调研的进度，适时进行调研计划的调整。某公司政企客户经理学习地图项目调研计划的主要内容和格式如表2.1所示。

表2.1　学习地图项目调研计划

××经理：
　我们将在××月××日—××日开展政企客户经理学习地图项目调研工作，敬请协助。
　本次调研的目的：
　①了解政企客户业务的发展规划、政企客户经理的工作内容和挑战。
　②了解管理层对政企客户经理队伍能力现状的判断及能力提高重点。
　③收集培训需求，包括重点培训主题、培训目标、培训方式偏好等。
　本次调研的方法：
　采用文档资料分析、访谈、问卷抽样调研、综合数据统计分析等方法。
　因此，需要市场营销部协助安排以下调研活动：
　①与分管政企业务的市场营销部总经理室成员的访谈。
　②访谈三位标杆政企客户经理，推荐标准：在政企客户经理岗工作两年（含）以上，业绩优秀且稳定，积极主动，乐于分享。
　③与两位政企客户经理团队长进行访谈。
　④政企客户经理相关资料分析（详见附件"项目资料需求清单"）。
　附件："项目资料需求清单""项目调研实施计划排期""项目发起人访谈提纲""管理者访谈提纲""标杆员工访谈提纲"

2.1.1 明确项目调研内容——WHAT

根据调研主题，调研内容可分为组织层面、岗位层面和个人层面三部分。

1. 组织层面

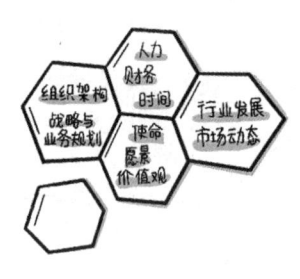

组织层面调研的主要目的是通过对组织的战略、资源、环境等因素的调研，准确理解项目的背景，界定项目的范围和目标。组织层面的调研主要包括：一是与学习地图目标群体相关的组织架构、战略与业务规划，为学习地图的业务价值链分析做准备，同时，明确、清晰的战略与业务规划对学习地图的构建起到方向指引作用。二是组织的使命、愿景、价值观，以及相关的行为准则、规章、制度、人员风格等。三是公司所在行业的发展和市场动态。例如，行业发生了哪些变化？公司根据环境的变化对业务经营策略做了哪些调整？公司根据市场需求变动提供了哪些新的服务、产品和技术？学习地图的内容是否能关注未来变化的要求？四是组织的人力、财务、时间等资源。例如，组织是否提供充足的培训经费？培训时间是否充足？能否合理安排工作和培训时间？业务专家是否能够给予充分支持？

2. 岗位层面

岗位层面调研的主要目的是了解与岗位相关的业务标准与绩效标准，以便为学习地图顾问开展工作坊引导打下认知基础，同时针对岗位相关的业务与绩效访谈成果也是未来学习地图内容开发和完善的重要补充。岗位层面的调研主要包括：一是岗位的任职资格，即岗位各层级任职所需具备的学历条件、教育培训要求、认证要求、知识、技能、素质等。二是岗位的工作内容，即岗位工作职责、考核指标、工作量等。三是岗位的工作规范，即基于工作内容的胜任标准、主要工作挑战、最佳实践做法等。

3. 个人层面

个人层面调研的主要目的是了解目标岗位员工在不同成长阶段的个体差异，主要包括：一是了解调研对象或下属的实际工作绩效与企业标准之间的差距，以及导致这种差距的主要原因，便于未来确定学习内容的重点，提高培训的针对性。二是调研对象或下属的过往培训经历与学习偏好、现阶段的能力提高重点与培训需求，以便未来从多用户视角提供设计和优化学习方案。

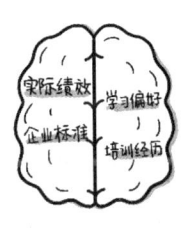

2.1.2 选择项目调研对象——WHO

不同的调研内容需要通过不同的调研对象来获取，在学习地图项目调研中，调研对象包括项目发起人、管理者、岗位标杆这三类人。项目发起人，是对项目是否开展拥有决策权，对项目结果拥有评价权的关键人，也是未来学习地图成果能否落地的关键支持者。管理者，在学习地图项目访谈中通常指的是目标岗位的直线领导和业务指导者。岗位标杆，是学习地图目标对象中高绩效、高能力、高意愿的"三高"人员。

调研对象除以上三类常见人员外，还有一类为备选调研对象，即与目标岗位工作相关的角色，如上下游工作岗、业务关联岗、培训与招聘岗等。例如，在某银行理财经理学习地图项目中，必选的调研对象包括零售银行部总经理（项目发起人）、零售支行行长和零售银行部业务主管（管理者）、高级贵宾理财经理（岗位标杆）三类人。同时，也可能增加访谈风险经理、投资顾问、产品经理这些与理财经理紧密相关的角色。当学习地图精度要求高，而现阶段的培训起点较低，需要充分调研时，扩大调研范围将成为一种重要手段。

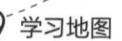

2.1.3 匹配项目调研方法——HOW

常见的学习地图项目调研方法有资料查阅法、访谈法、问卷调研法。资料查阅法，即通过查阅学习地图相关的业务资料、岗位资料，快速提升学习地图顾问对业务和岗位的认知，提高访谈和工作坊的对话质量和效能。访谈法，即通过学习地图顾问与访谈对象进行面对面、电话或视频等形式的结构化提问交谈，深度获取访谈对象的观点和学习地图项目的核心素材。问卷调研法，即通过问卷在更广泛的范围内收集意见，验证前期调研的结论和学习地图的初步设想，收集和分析学习地图各项要素的数据，让调研结论更客观、覆盖面更广。

除以上三类最常用的调研方法外，还会偶尔用到一些附加的调研方法，主要包括：观察法，即调研者到目标岗位工作现场，通过亲身体验和观察，了解工作场景、人员状态，发现工作挑战和问题，从而获得学习地图的基础信息；焦点小组访谈法，即从调研对象中抽取一定数量的样本，进行结构化的集体访谈，由学习地图顾问引导小组成员的有序分享、交互与反馈，实现访谈主题的多维度挖掘。

2.2 项目调研实施——资料查阅法

学习地图顾问通过资料查阅法能够快速建立对企业的基本认知，便于为未来开展调研访谈、学习地图工作坊共创打下基础。此外，资料查阅法的调研效率较高、组织成本较低，学习地图顾问可以独立且灵活掌握时间完成这项工作。

2.2.1 资料查阅法的调研内容

查阅资料前需要准备一份详细的项目资料清单，资料主题包括战略、管理、业务、培训等，如表2.2所示。在具体项目中，一是要根据岗位特点和项目目标选择具体的资料主题形成清单；二是资料清单要尽量描述具体，便于项目组进行更有效的准备。例如，针对人力资源类相关资料，应尽量将其描述成岗位任职资格标准、岗位说明书、岗位绩效考核体系等。

表2.2 资料查阅法的资料主题

主 题	主题示例
战略类	包括企业文化、企业战略规划、年度工作报告、领导讲话、前沿资讯等
管理类	包括管理架构、人力资源管理、任职资格标准、考核指标、财务管理等
业务类	包括岗位说明书、业务流程、操作规范、服务规划、产品策略、竞争对手信息等
培训类	包括现有课程体系、年度培训计划、过往培训项目方案、内部课程库清单、试题库与知识库建设情况等

2.2.2 资料查阅法的应用案例

某公司政企客户经理学习地图项目，在调研访谈前开展资料查阅与分析，项目资料清单如表2.3所示。

表2.3 项目资料清单

具体资料	备注说明
××集团企业文化相关资料	使命、愿景、价值观、行为准则等内容
总部及分公司组织结构图	—
政企客户经理从总部到各级分支机构的岗位及人员配置情况	在不涉密情况下应包括学历、工作年限、关键经历、数量、考核等情况的数据
政企客户经理岗位工作说明书	含工作职责、上岗要求、岗位层级划分情况等相关内容
公司层面的政企客户经理培养体系、制度、课程体系、过往培训项目方案	也可参考借鉴下属分公司级的政企客户经理培养项目介绍资料

续表

具体资料	备注说明
政企客户经理近两年培训情况列表	请按附件1"政企客户经理2021—2022年培训记录表"提供
现有面向政企客户经理的内部课程资源清单，含面授、多媒体等各类形式的培训课程	请按附件2"政企客户经理内部课程清单"提供

2.3 项目调研实施——访谈法

访谈法是学习地图顾问在学习地图调研分析中获取信息的最主要手段，主要目的包括：一是通过对不同调研对象的访谈，可以得到真实、全面的资料；二是访谈以问题为导向，针对性强，灵活性强；三是通过面对面或线上的沟通可以建立与项目干系人的连接。

2.3.1 项目发起人访谈

学习地图顾问对项目发起人的访谈，一是能够从战略的高度和业务的视角了解项目开展的背景、目的以及目标设定等；二是能够向高层传递学习地图的价值、方法等信息，进而影响高层对学习地图技术的认知，树立对项目的信心，并给予相应的支持。

项目发起人一般是目标岗位所在序列的业务负责人或公司分管该业务的高管。目标岗位如果是新员工、班组长、基层经理、内训师、县公司总经理等特殊群体，则项目发起人可能是人力资源或培训部门的负责人。有时学习地图项目有双项目发起人，即业务领导和人力资源或培训部门的负责人共同担任项目发起人，他们分别从业务发展和人才发展的角度来关注项目的开展，提出对项目的要求。

1. 项目发起人访谈的设计逻辑

（1）项目背景的澄清

1）组织的战略澄清与解码。即，组织当前的战略是什么？哪些方面是关注的重点？从未来3~5年来看，组织发展的战略方向是什么？

2）系统介绍目标岗位相关业务板块的发展情况，便于学习地图顾问收集到更加完整准确的业务信息，而通常对这些问题的回答与学习地图项目的背景和缘起是息息相关的。

3）项目发起人站在组织的高度去看待整支队伍的工作状态和工作质量，他们能解读、判断队伍的优劣势，并能加以分析，对整支队伍的能力、培训状况的评价也会比较客观。

（2）项目期望的共识

通过访谈了解项目发起人对目标岗位未来学习地图规划的重点，同时学习地图顾问通过引导提问和策略分享，与项目发起人对项目成果、项目周期和项目流程等达成共识。

（3）项目资源的支持

对项目发起人的访谈，也是为项目争取更多资源支持的机会，所以访谈中常常会询问项目发起人在后续访谈、工作坊、成果落地阶段的关注点，甚至具体到访谈人选、参会代表的推荐等。同时，学习地图顾问还会在访谈中邀请项目发起人参与后续的调研分析报告审核、工作坊开场动员、学习地图成果发布等关键环节，确保项目推进与组织要求同步。

2. 项目发起人访谈的实施要点

（1）充分准备

项目发起人访谈与岗位标杆访谈或管理者访谈不同，如果前者的访谈效果不佳，则可以重新换人进行补充访谈，或者增加访谈样本量。其角色的独特性和决定性的作用需要学习地图顾问必须做好访谈前的准备，即需要充分发挥资料查阅法的作用，在访谈前需要熟悉组织、业务、岗位等基本情况。如果对目标岗位相关的业务不熟悉，有时则可以通过先访谈部分标杆员工和管理者代表，在对岗位有了较清晰的认知后，再访谈项目发起人，以便提高

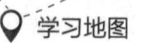

与项目发起人对话的质量。

（2）风格适配

作为访谈者，学习地图顾问需要根据项目发起人的风格，基于访谈目的来调整对话策略，实现高效适配。例如，有些项目发起人对项目背景、项目目标、预期结果非常清晰，在访谈中侃侃而谈，愿意主动分享自己的观点。在这种情形下，访谈者主要是按照访谈提纲分步骤提出问题即可获得不错的效果。有些项目发起人带着怀疑的态度来看待学习地图项目能否达到他们的预期，他们需要学习地图顾问有很好的对话、反馈甚至分享能力。有些项目发起人亲和力很强，会按照访谈者的问题导向进行交流，需要访谈者在结构化提问的基础上用心倾听项目发起人的观点，随时进行深挖，以得到更全面、更深刻的信息。

3. 项目发起人访谈的提纲示例

在某银行信用卡中心客户经理学习地图项目中，项目发起人为信用卡中心分管销售的副总裁，项目发起人访谈包括战略澄清、业务解读、项目期望共识等。通过项目发起人访谈，项目组收集到了关于学习地图项目方向性的指导信息（见表2.4）。

表2.4 项目发起人访谈提纲

问题1：请介绍信用卡中心的整体业务情况及当前最重要的营销战略。
问题2：你对现阶段客户经理队伍的工作状态和质量是如何评价的？
问题3：基于业务发展的规划，你对客户经理队伍有哪些新的职责要求？你最希望改善他们哪些方面的能力/素质？
问题4：你对本次学习地图项目的成果有哪些期待？
问题5：针对客户经理队伍未来的学习重点、学习方式，你有什么要求？
问题6：你对本次项目还有哪些关注点？在项目的哪些阶段可以邀请你参与？你有何建议与意见？

2.3.2 管理者访谈

管理者，通常是指目标岗位的直线领导和业务指导者，他们对目标岗位的工作职责、工作表现、能力现状、学习需求最熟悉，还能从更高的视角来看待工作要求，尤其是基于未来业务发展的新要求。

有时，目标岗位的职务层级较低，如一线的操作岗位、业务服务岗位等，这时会将管理者访谈的对象再提升一级，即"N+2"层级的管理者。例如，某银行个贷客户经理学习地图，个贷团队长作为直接管理者（管理8~12位个贷客户经理的团队负责人）是管理者访谈的必选项，分行个贷总经理是管理者访谈的可选项（管理整个分行个贷客户经理团队，个贷团队长的直接上级）。

1. 管理者访谈的设计逻辑

团队业务：一是所管理团队的业务发展情况，包括业务范围、业务规划、当前工作重心等，尤其是在业务转型、业务变革期，对目标岗位未来发展的新要求。二是所管理团队的业务分工方式。例如，同样是客户经理团队，是按行业分工，还是按区域分工，抑或是按客户服务流程中的环节分工？客户经理的工作内容都是一样的，还是仅有层级的差异？这对未来学习地图的分层分类有重要的参考价值。

能力画像：一是目标岗位在业务发展中的核心价值与作用是什么？优秀员工的能力画像是什么样的？二是结合能力画像，对现有员工的工作状态和质量评价如何？三是成长阶段划分的问题，目标岗位员工的成长周期如何？各成长阶段的标志和划分依据是什么？这些问题环环相扣，让管理者能够有序地整理自己的思维，清晰地表达自己的观点。

项目落地：管理者对于学习地图未来的落地是重要的支持者，所以需要在管理者访谈中探寻其对学习地图项目的推进建议，对焦其对学习地图项目具体成果的预期，为未来学习地图成果落地收集信息，打下统一认知的基础。

2. 管理者访谈的实施要点

具体客观：访谈问题应尽量具象化地描述，这样有利于访谈对象理解问题，更好地思考和回答。例如，同样是关于业务问题，针对项目发起人，可以说"请介绍××的整体业务情况"等，而针对管理者，问题就要尽量具体，如"请介绍××部门的主要职责和架构""××部门的团队成员情况及分工"等。

任务导向：对目标岗位的管理者访谈，在涉及岗位成长阶段、能力画像、培训需求等问题时应以任务为导向，要结合具体工作场景层层推进，这样的访谈结果更具有业务属性和岗位特性，区分度更高。

3. 管理者访谈的提纲示例

我们来看一个汽车制造公司悬架研发工程师学习地图项目。该岗位所在序列为研发中心—底盘部—悬架室，管理者访谈提纲中的问题涵盖业务发展、团队情况、能力画像、培养建议和项目落地等内容（见表2.5）。

表2.5 管理者访谈提纲

问题1：请介绍底盘部悬架室目前的业务情况、团队成员情况及分工。
问题2：你认为一个优秀的悬架研发工程师应是怎样的？
问题3：对现阶段悬架研发工程师整体的工作状态和质量水平是如何评价的？
问题4：悬架研发工程师的学习成长阶段可以怎么划分？关键标志是什么？
问题5：基于未来业务发展要求，你最希望改善悬架研发工程师哪些方面的能力？
问题6：在项目落地方面，基于该岗位的工作特性，最需要关注的是什么？

2.3.3 岗位标杆访谈

岗位标杆的选择一般包含三个要素：工作绩效、专业能力、综合素养，即高绩效、高能力、高意愿的"三高"人员。岗位标杆访谈主要是系统梳理岗位的任务场景和知识技能要求，收集关键成功事件、萃取成功要素，是后期任务图谱、能力画像和学习内容设计的依据。岗位标杆访谈常用的是行为事件访谈法（Behavioral Event Interview，BEI），该访谈法是由麦克利兰结合关键事件法（Critical Incident Technique，CIT）和主题统觉测验（Thematic Apperception Test，TAT）提出来的。BEI是在研究胜任模型的过程中提出来的，是一种开放式的行为回顾式探索技术，是揭示胜任特征的主要工具，因此，其对于人才培养需求的诊断分析有着非常重要的借鉴意义。

- 访谈时长：约1小时。
- 访谈目的：回顾过往典型行为事件，聚焦过去的行为细节，分析可靠的行为数据。
- 访谈人数：一般以覆盖岗位的基本类型为最低要求，如店长岗学习地图的构建，至少要覆盖社区店、购物中心、综合店等不同类型的店长，以帮助学习地图顾问更完整地理解该岗位。
- 成果应用：从BEI中提取与归纳的实践案例、能力要求既是学习地图内容开发的来源，又可以指导未来学习地图的落地，如辅导手册开发、课程开发、案例开发等。

1. 岗位标杆访谈的设计逻辑

场景分析：一是岗位职责与任务的梳理，并对重点任务进行场景细分与解读。二是现在面临的问题与挑战。要具备什么样的知识、技能、素质才能有效应对这些问题与挑战。

能力挖掘：通过BEI探寻标杆员工在过去的情境中所采取的措施和行为细节，从而揭示该岗位的胜任特质。在BEI中，通常采用STAR提问法深入挖掘行为细节。STAR提问法主要有四类问题：

S（Situation）：那是一个什么样的情境？什么样的因素导致这样的情境？在这个情境中有谁参与？

T（Task）：面临的主要任务是什么？为了达到什么样的目标？

A（Action）：在那样的情境下，心中的想法和采取的行为是什么？遇到了什么挑战？是如何克服的？

R（Result）：最后的结果是什么？过程中又发生了什么？

通过关键事件的介绍，学习地图顾问需要提炼出做好该岗位所需具备的知识、技能和核心素质。

学习需求：一是关于过往培训经历、培训效果的反馈；二是关于未来培训内容、培训方式的需求；三是对未来培训组织和管理的建议。通过探寻用户视角下的直接观点，可以为学习地图顾问实现以学员为中心的目标提供直接的参考信息。

2. 岗位标杆访谈的实施要点

提问顺序：采用先易后难的原则，即先问容易回答的问题，让访谈对象放松身心，有话可说，激发其继续接受访谈的意愿，再提出较为复杂需要深度思考的问题。例如，先向访谈对象提出事实类问题，如工作经历、岗位职责、考核指标等，再提出思考类问题，如工作挑战、工作标准、需要的素质、成功故事等，最后询问未来培训的需求、建议等。

提问技巧：访谈提纲提供了访谈的逻辑和框架，在实际访谈中还需要采用追问的方式，以便更好地获取信息。所谓追问，就是基于访谈对象所表达的观点，对内容模糊、不够具体的情况，需要进一步确认，以便让回答内容更清晰、具体。例如，对于店面经理，当询问"你的主要工作任务有哪些"时，他可能回答"就是负责整个店面的全面管理工作"，显然，这样的回答虽正确但无用。这时，方法一是"剥洋葱"，采用层层递进法进行追问，例如，"你是否能够进一步描述在店面管理中有哪些具体事项需要由你来负责？"；方法二是具象描述法，例如，"作为店面经理，每天的工作安排是怎样的？能和我描述一下吗？""每周工作的重点呢？每月呢？"方法三是通过转化成图景式提问进行追问，例如，"假如我是一名新上任的店面经理，向你来请教如何做好店面管理，你觉得我应该做好哪些工作任务才能称为合格的店面经理呢？"

3. 岗位标杆访谈的提纲示例

在某电商采销经理学习地图项目中，需要访谈总部、区域公司三大品类六位标杆采销经理（高绩效、高能力、高意愿），访谈内容包括岗位的典型任务、工作挑战、成长阶段划分、知识技能提取、学习主题匹配等（见表2.6）。

表 2.6　岗位标杆访谈提纲

问题 1：	采销经理的主要工作任务有哪些？
问题 2：	在占你精力比重最大的几个任务中，主要挑战有哪些？
问题 3：	对这些挑战，作为一名优秀的采销经理应具备哪些知识、技能？
问题 4：	分享 1~2 个你工作中的典型成功事件（简要解释 STAR 提问法）。
问题 5：	过往参加过哪些培训？效果如何？
问题 6：	在未来学习的主题中哪些是最急迫的？对学习方式你有什么建议？

2.4　项目调研实施——问卷调研法

针对人数较多的岗位，访谈样本量不够，又希望访谈能代表更广泛员工的观点，这时问卷调研就可以进行有效的信息补充。同时，针对在访谈过程中发现的问题和存在的现象，也可以通过问卷调研法进一步确认。

2.4.1　问卷的设计

问卷的设计一般包括问卷说明设计、背景信息设计、问题及选项设计，具体内容需要根据前期资料分析与调研访谈获得的结论作为设计的输入项。

1. 问卷说明设计

问卷调研的目的是客观、大范围地收集信息，在问卷的开头需要说明调研目的，明晰填写要求，关注调研对象的诉求，打消他们的疑虑，保证问卷调研的参与度和回收质量。

2. 背景信息设计

背景信息包括调研对象的所在区域、所在单位/部门、职位、年龄、工作年限、所处岗位的成长阶段等信息，这些信息将为下一步问卷分析的维度提供划分的依据。

3. 问题及选项设计

问题及选项是问卷的核心内容，主要来源于资料分析和前期访谈的关键结论。学习地图问卷调研的问题主要分为五类：一是任务场景类问题，即对岗位任务清单、关键任务、当前工作挑战进行确认和补充；二是应知应会类问题，即对岗位各类知识（如产品知识、专业知识、管理知识等）、各类技能（如综合技能、操作技能、专业技能等）进行确认和补充；三是胜任素质类问题，即对岗位所要求的特质和能力进行重要性评价和排序；四是学习发展类问题，即对岗位的培训现状、学习方式、未来学习需求等信息的确认和收集；五是综合相关性问题，如岗位成长阶段如何划分、对学习地图项目的期待和建议等主题观点的收集。

问题及选项设计有四种常见呈现形式，可以在问卷设计时进行有效组合。

开放式问题：作用是发掘调研对象的想法和观点，采用"是什么""如何""为什么"等关键词来提问，不能用"是"或"否"来简单回答。例如，"目前，新客户经理在获客中面临的最主要挑战是什么？"A.产品缺乏竞争优势；B.获客渠道不畅通；C.知识技能难以灵活运用；D.缺乏信心，难以获得客户信任；E.缺乏多元化的展业工具；F.其他，请补充。

探究式问题：作用是缩小所收集的信息范围，使问题更加具体化，采用"多少""多久""谁""哪里""何时"等关键词来提问。例如，"你希望理想的面授培训频次为多久举行一次（每次2~3天为参考标准）？"A.每年一次；B.每半年一次；C.每季度一次；D.每两月一次；E.每月一次；F.每周一次。

封闭式问题：作用是对所收集的信息进行确认，只需对观点进行判断即可。例如，"关于采购商务资源岗的成长阶段划分，1年以内为新任期、1~3年为成长期、3年以上为成熟期，你是否认可？"A.是；B.否，请补充建议。

评价式问题：作用是确认主题的重要性和优先级，对主题进行打分、排序等，从而做出客观评价。例如，针对"敏捷反应"这项核心胜任素质，你觉得重要程度如何？5分：最重要；4分：很重要；3分：重要；2分：一般；1分：不重要。

2.4.2 问卷的发放

问卷发放的渠道有两种，一是线上渠道，可以应用各类问卷调研App、网络大学的问卷调研功能，制作成线上问卷，通过电子邮件、短信、微信进行批量发放。二是线下渠道，通过项目成员到调研对象的工作现场，或者通过组织会议的形式现场发放问卷，并组织问卷填写。这两种渠道各有利弊，要根据调研对象的数量、组织的规模、项目的情况综合考虑调研问卷发放的渠道选择。另外，在调研问卷发放的过程中，要注意问卷填写的规范性与客观性、问卷的回收率。

2.5 项目调研分析报告的制作与反馈

调研分析，即对前期通过"望、闻、问、切"各种手段收集的信息进行分析并得出关键结论，为下一阶段学习地图构建的流程设计、内容开发提供依据。

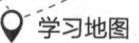

2.5.1 项目调研分析报告的制作

调研分析报告包括四个部分，一是调研整体结论，包括调研过程、所用方法工具、覆盖人群等基础信息，以及学习地图项目整体共识、岗位当前面临的主要挑战、岗位培训现状等。二是员工视角的调研分析，遵循T-C-L（Task-Capability-Learning）的逻辑分别呈现岗位任务场景、能力需求和学习需求。三是组织视角的调研分析，遵循能力标准—成长阶段—项目建议的逻辑，包括岗位当前挑战下的胜任标准和画像、岗位特点和成长阶段的划分建议、组织层面对培训的需求和建议等。四是非培训问题的反馈及下一步行动计划，包括与岗位相关但无法通过培训解决的问题。在学习地图调研分析中，这类问题常常包括组织和个人对现有岗位薪酬、岗位晋升、团队管理文化、总部对分公司的资源支持、激励体系、岗位荣誉设置等。这类非培训问题通过学习地图项目解决不了，但其与岗位发展息息相关，需要同步呈报给项目发起人。

2.5.2 项目调研分析报告的反馈

学习地图项目调研分析报告的汇报对象，一是项目发起人，通过汇报前一阶段调研进展，明确下一阶段计划，对待解决的问题达成共识。二是项目组成员，通过分享项目的调研分析结论，统一步调，推进项目。首先，由学习地图顾问呈现项目调研设计、调研过程及关键结论，然后，由项目发起人、项目组成员提问交流，研讨项目下一步实施计划，最后，由项目发起人对项目调研汇报进行总结，提出下一阶段的工作要求。

在反馈调研分析报告时，各类信息反馈的侧重点有所不同。例如，针对项目发起人已知信息的反馈，如岗位工作任务、能力标准、当前的培训做法等，重在事实的呈现，以确保双方信息的一致性，并强化项目价值。针对项目发起人可能处于盲区的信息的反馈，如员工的个性化培训需求、当前的工作挑战、干系人对项目的独特看法等，重在新观点的解读并获得其认同。针对项目中待解决的问题的反馈，如员工差异大、培训与考核如何挂钩、下一步行动计划等，重在明确解决路径。针对非培训问题的反馈，如员工反馈岗位工资低、晋升通道不畅通、管理机制不完善等问题，重在如实呈现与提供管理附加价值。

学习地图顾问通过项目调研分析对目标岗位及相关业务有了系统全面的了解，将为下一阶段学习地图工作坊的引导和项目成果的开发打下坚实的基础。

第3章

学习地图工作坊

学习地图工作坊，是指学习地图顾问通过工作坊来引导岗位标杆、管理者等内容专家共同完成学习地图核心要素构建的方法，包括通过引导共创来完成任务清单梳理、典型任务分析、能力画像绘制、成长阶段划分、学习主题设计等关键环节。工作坊与调研访谈是学习地图项目构建中两种重要的技术手段，调研访谈偏重信息的获取，工作坊则在获取信息的同时更关注信息的整合、分析和决策，因而成为学习地图项目构建中最重要的环节。

3.1 关于引导技术

"引导"一词来自拉丁语"facil"，原意是让事情变得更加容易。"引导是一种方法，帮助群体能够更有效地研讨和做决策，既有艺术性，也有科学性。引导所使用的工具流程能激发大家利用各自不同的背景、价值观、兴趣及能力，做出更高质量的决策，提高生产力，改善团队动力。"这是国际引导学院给出的关于"引导"的定义性描述。所以，引导的本质可以理解为一种解决问题的能力，目的是让他人主动思考、明确目标、找到方法、形成决策。

3.1.1 引导的过程

为了更好地理解引导的概念，我们引用《引导式培训》一书中的"引导的框架"来说明引导是如何发生的。这一框架由六个模块组成，如图3.1所示。

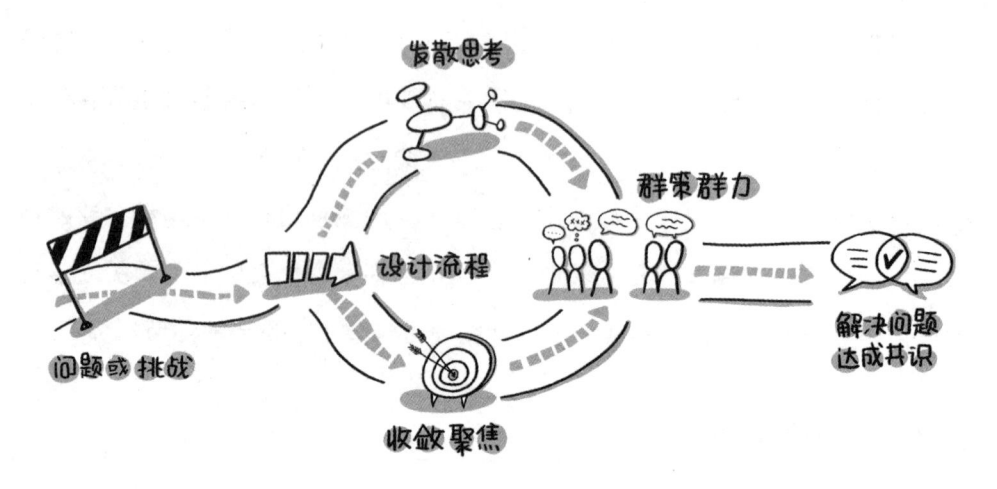

图3.1 引导的框架

模块一，引导产生的源头是团队共同关心的问题或挑战，如策划一个大型活动方案、开发一个产品销售模型、设计一个岗位课程体系、开发一门内部精品课程、提炼一个案例的组织经验等，这些问题或挑战没有现成的答案，要想有效地解决，对参与者而言有一定的难度。

模块二，根据问题的复杂程度，参与者的人员结构、数量、特征、现场环境和场域、时间等限制性条件设计流程，从而服务于研讨的目标。例如，如何用一天的时间研讨出一个业务难题的创新解决方案；如何用半天的时间研讨出一门课程的结构性框架；如何在两小时内萃取出一个核心产品线上营销的组织经验。这些问题的解决都需要设计一个研讨流程来完成，包括参与者、时间安排、研讨工具、成果标准等。

模块三，要让参与者发散思考，通过独立思考、头脑风暴浮现各类观点和假设，互相激发，深挖问题的关键，推出创新举措，提高讨论的质量。

模块四，要在发散思考的基础上收敛聚焦，通过分享、表决、辩论、投票、矩阵分析等达成阶段性共识与决策，让讨论的方向与主题一致。

模块五，引导要能提高人与人之间、群体与群体之间的互动品质，做到群策群力。在发散和收敛的循环中，所有成员充分参与、贡献智慧，共同做出更高质量的决策。

模块六，引导的最终目的是解决问题，或对解决问题的举措达成共识，为未来行动提供方案支持。

3.1.2 引导在学习地图工作坊中的应用

我们以学习地图工作坊中的任务梳理这一场景为例，说明图3.1是如何发生的。

模块一"问题或挑战"，指的是岗位标杆和管理者需要就"目标岗位的任务场景有哪些"达成共识，形成目标岗位一致的任务清单。任务清单不能遗漏重要任务，并且任务清单呈现的颗粒度要统一。

模块二"设计流程"，要设计一个研讨流程来确保任务清单的梳理结果是科学的。因为每个人的工作方法不一样，过往所受的培训经历有差异，工作环境有差异，思考和表达能力也有差异，所以找到一个组织层面科学完整的任务清单并达成共识并不容易，需要设计合适的流程来驱动业务专家共创、共享。

模块三"发散思考"和模块四"收敛聚焦"，简言之，就是通过发散和收敛推动研讨，实现目标的过程。重点在于，一是让业务专家的思维充分发散，发挥各自的主观能动性，提高讨论的质量；二是让讨论的方向与主题一致，在适当的时候进行收敛、决策。例如，个人独立思考、两两分享、书写卡片这些环节都在帮助团队更充分地思考岗位具体有哪些任务，同时两两分享、书写卡片、观点归类、团队列名这些环节也都在帮助团队更有效地收敛聚焦，从而确定任务清单。

模块五"群策群力"，即共同出谋划策、共同出力执行，发挥集体的智慧，这也是引导的价值和魅力所在。这个要素强调，在研讨过程中要关注人的因素，在业务专家梳理任务清单的过程中，学习地图顾问要激发出参与者的潜能，保证全员公平参与，让团队成员互相倾听与有效互动等。

模块六"解决问题""达成共识",任务梳理的阶段性目标是集体确认包含任务分类在内的任务清单,在共享信息的过程中不断减少分歧,直至达成共识。

3.2 当学习地图遇到引导

学习地图工作坊是将引导技术与学习地图技术融合的产物,将引导技术应用到学习地图构建过程中,可以发挥学习地图顾问作为方法专家、业务骨干作为内容专家、培训管理者作为项目经理的不同角色的优势,三者协同完成学习地图的构建。

3.2.1 学习地图工作坊的独特价值

在学习地图的构建过程中,其难点常常包括:如何科学分析组织的内在诉求?如何提高任务场景分类的科学性?如何确保能力画像的精准性?如何保证学习内容的完整性、学习方式与内容的匹配性?学习地图的产出如何与实际相结合,可落地、易操作?而引导技术恰恰是激发思考、促进研讨、科学决策的最佳手段之一。所以当我们把引导技术嵌入学习地图构建过程中时,通过学习地图工作坊的模式来开发学习地图,相比传统过程咨询模式能在三个方面产生独特价值,如图3.2所示。

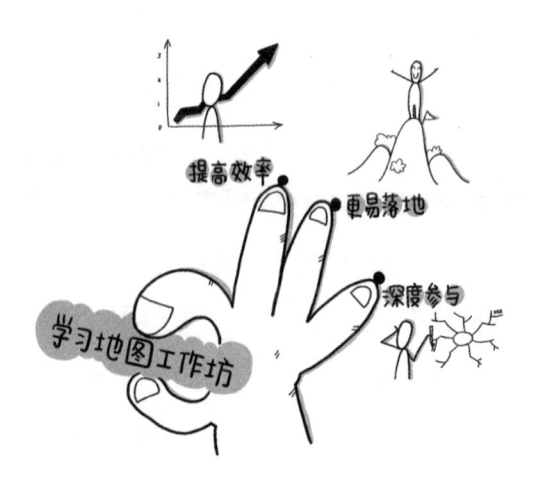

图3.2 学习地图工作坊的独特价值

1. 深度参与

绝大多数的岗位标杆和业务管理者并不熟悉任务分析、能力建模、学习设计这些技术方法，如何把做业务的隐性经验显性化、结构化、生动化并不容易。而嵌入引导技术，岗位标杆和业务管理者在引导流程的指引下，在深度思考、研讨互动、头脑风暴、团队共创方面就会有质的突破，从而确保学习地图成果内容的科学性和前瞻性。

2. 更易落地

迈克尔·威尔金森在《引导的秘诀》一书中提出过一个高效决策公式"ED=RD×CD"，即高效决策=正确决策×对决策的承诺，如图3.3所示。也就是说，决策效能既和决策本身的科学性相关，也和决策本身所能获得的相关人员的理解、认同相关，并且两者是乘法的关系。学习地图工作坊的方式，既通过共创大大提高了学习地图成果的科学性和准确性，同时因为岗位标杆、业务管理者、培训管理者等利益相关人的全程参与，让他们对未来学习地图成果的理解更加深刻，从而使学习地图成果在落地时将得到更广泛的认可和支持。

图3.3　高效决策公式

3. 提高效率

企业通过在学习地图构建过程中嵌入引导技术，提高学习地图构建的效率，使学习地图构建的周期大大缩短，项目周期从传统过程咨询模式的1~3

个月，缩短到1~3周。敏捷版学习地图的构建，在实际操作中，第1天实施微调研和分析，第2天组织学习地图工作坊，第3天即可完成成果整理与发布。

3.2.2 学习地图工作坊CMP三角色

组织一场成功的学习地图工作坊，离不开三个关键角色的互相配合，即负责贡献观点和智慧的内容专家（Content Experts）、负责流程设计和过程引导的方法专家（Methodology Experts）、负责工作坊组织协调的项目经理（Project Manager），简称CMP三角色。

1. 内容专家

内容专家即对研讨主题熟悉、有发言权的人，他们在工作坊中输出业务经验、工作方法、工作标准、成功案例、学习需求等，是学习地图工作坊的主角。内容专家一般由岗位标杆和直接管理者担任，在特殊情况下，当本企业内该岗位的能力现状与组织需求差距较大时，将从对标研究中寻求外部标杆来做补充。例如，某银行软件中心针对业务分析师、系统分析师、数据分析师三个岗位构建学习地图。软件中心管理层认为在转型升级期，组织内部技术研发人员的整体水平与组织需求差距较大，仅仅由内部业务骨干来贡献内容是不够的。所以在此项目中，内容专家的身份就要延伸。一是学习地图顾问要做行业研究，通过对标分析同类银行软件中心的岗位设置、能力画像和培训体系来提供参考；二是邀请某互联网公司科技部门的一位高级主管担任项目外部审核顾问，作为内容专家外援参加学习地图工作坊，在内容审核、内容补充方面提供专业意见，以提高项目内容的质量，让学习地图成果具有引领性，更好地服务于业务的发展。

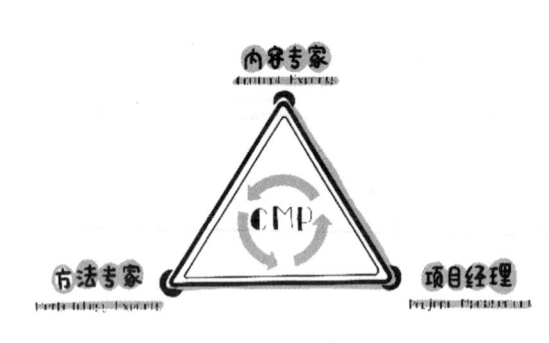

2. 方法专家

方法专家即学习地图顾问的角色，这里的方法，一是指学习地图技术，包括经验萃取、任务分析、能力建模、学习设计等学习地图构建的全流程技术；二是指引导技术，需要在工作坊中运用引导技术，激发业务专家参与，营造高效的讨论氛围，获得学习地图成果的素材内容。所以，学习地图顾问既要精通学习地图技术，又要是合格的引导师。方法专家通常由外部专业机构的学习地图顾问担任，或者由企业内部掌握学习地图技术及引导技术的业务骨干担任。

3. 项目经理

项目经理一般由人力/培训部门的培训经理、业务部门主管来担任，负责调动内部资源，保障学习地图项目在组织内顺利推进。项目经理在学习地图顾问与项目发起人的衔接、目标岗位确认、工作坊流程审核、工作坊现场协调、学习地图工作坊成果的审核和组织、学习地图成果落地计划的推动等方面发挥着重要作用。一个成功的学习地图项目，在学习地图工作坊前期、中期和后期都离不开项目经理的协调与管控。

3.3 学习地图工作坊议程设计

一场完整的学习地图工作坊的时间为两天。为了提高工作坊的效能，降低管理成本，敏捷版学习地图工作坊的时间通常为一天，且通常是多岗位并行，即在一天的工作坊中同步开展数个岗位的学习地图。敏捷版学习地图工作坊大大提高了生产率，但同时对学习地图顾问的引导控场能力、业务理解能力也提出了更高的要求。

学习地图工作坊的参会人员和目标岗位人员规模相关：小型工作坊1~2组，人数在15人以内；中型工作坊3~4组，人数在28人以内；其中，目标岗位标杆与岗位管理者比例大约是2:1。例如，一个小型工作坊邀请了6位业务专家，其中有4位岗位标杆和2位管理者，另加上项目管理人员若干。一个21人的中型工作坊则需要分组，其中有12位目标岗位标杆、6位直接管理者、3位培训管理者，分成三个研讨小组，每组由4位目标岗位标杆、2位直接管理者、1位培训管理者组成。各组在学习地图顾问的引导和辅导下，按照工作坊流程完成学习地图各要素的研讨和成果1.0版本的制作。

学习地图工作坊较传统会议对流程设计的精度要求更高。学习地图顾问需要在前期调研访谈的基础上，设计出工作坊的关键环节、时间安排、匹配的引导工具、产出模板等。学习地图工作坊议程从功能上可以解构为开场导入、输入赋能、研讨共创、成果修订、总结关闭五个模块，最终整合为一个完整的工作坊议程。议程设计完成后还要和项目发起人、项目组确认工作坊议程，确保双方的理解一致。

3.3.1 开场导入环节设计

结合迈克尔·威尔金森在《引导的秘诀》一书中提出的IEEI工作坊开场四步法（见图3.4），在学习地图工作坊中开场导入环节也分为相应的四个步骤。

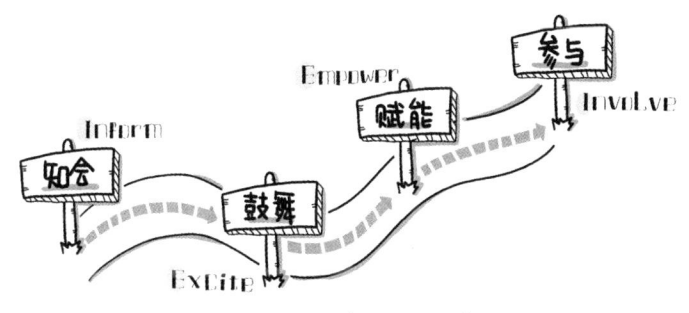

图3.4 IEEI工作坊开场四步法

一是开场与欢迎致辞，一般由项目发起人或培训负责人来完成，目的是明确学习地图项目的背景、召开工作坊的原因，说明工作坊的产出要求，告知工作坊的流程安排并表达感谢等。

二是鼓舞，即呈现学习地图工作坊对参会者的价值，赋予参会者能量。例如，通过参加工作坊，参会者可以从更高的视角看待业务工作；通过与来自不同区域/部门的业务专家的交流和学习，参会者可以积累处理业务和管理难题的经验；学习地图项目的成果将影响该业务条线的人才培养，而所有参会者都将是重要的参与者和贡献者，并被记录在案。

三是授权，即，为什么需要这些业务专家参与？他们在工作坊中的角色是什么？通过赋予他们权利，鼓励大家畅所欲言，消除研讨中可能的顾虑，同时提出相应的研讨规则、会议纪律要求等。

四是开展热身活动，通过视觉探索卡、个人自画像、开场圈、小组绘图、热身问题研讨、工作坊规则共创等热身活动，让业务专家在正式研讨前互相了解，尽快以工作坊主角的身份参与进来，以放松的状态进入正式研讨。

3.3.2 输入赋能环节设计

在开场导入后，学习地图顾问要介绍学习地图的价值和方法论，并通过学习地图项目实践案例分享的方式，来促进业务专家对学习地图技术路径的了解和认可。同时，学习地图顾问要清晰地描绘出本次工作坊的具体目标和

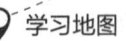

产出，讲解会议流程、时间，并与业务专家进行确认。

在每个研讨阶段，学习地图顾问都要对相应的学习地图工具进行解读，并分享该学习地图工具的应用案例。对于复杂的工具，还需要在现场组织业务专家对工具进行模拟体验，以便让业务专家熟悉工具的内涵，以提高工具的使用效率。例如，对于典型任务分析表，学习地图顾问首先要解读该表的五个构成要素，展示用该表做出的成果是什么样子的，并讲解撰写要点，然后利用一个通用的任务主题，现场带领业务专家练习如何通过该表分析一个任务，从而帮助业务专家掌握该表的精髓。

3.3.3　研讨共创环节设计

在此环节，相较于一般的研讨会，学习地图顾问需要担任三个角色：一是引导师角色，是研讨流程的控制者，而非研讨内容的贡献者。每个研讨共创环节都是问题导向的。学习地图顾问提出问题，通过引导工具引导业务专家进行集体共创。二是咨询顾问角色，需要根据各组的研讨质量，及时提供咨询和辅导建议。三是学习设计师角色，为从能力到学习的转化和解决方案设计提供学习技术指导。在整个研讨共创环节，学习地图顾问需要在这三个角色间进行实时切换。

3.3.4　成果修订环节设计

为了确保研讨共创成果的科学性，学习地图顾问需要在三个方面引导业务专家对成果进行完善。第一，在小组内进行成果的验证，业务专家两两组合讨论，学习地图顾问在小组内进行点评与反馈，提高研讨成果质量。第二，组织跨组交叉验证，针对同一讨论主题，跨组对研讨内容进行共享与整合，达成共识；若针对的是不同主题，则各组互相进行点评，丰富思考的视角。第三，邀请项目发起人、高层管理者到工作坊现场，让他们对研讨成果进行反馈，并提出修订意见，现场达成共识。

3.3.5　总结关闭环节设计

学习地图顾问对工作坊进行总结，通过ORID焦点讨论法[1]、4R反思法、闭场圈等形式让所有业务专家分享会议研讨的心得和感受，激发大家的成就感以及对未来成果落地支持的动力。例如，承接学习地图工作坊后续的课程开发任务，参与内训师认证，担任在岗辅导师，录制在线课程等。最后邀请项目发起人进行总结，感谢业务专家的参与，同时提出下一步行动计划。

3.3.6　工作坊议程设计案例

1. 案例背景

某智能手机品牌商ABC，为提高供应链管理序列的人才储备质量，加速优秀人才的培养，针对供应链管理序列产销计划经理、物流经理、材料工程师、工艺工程师、QA（质量管理）工程师等关键岗位实施学习地图项目。项目前期进行了微调研，现进入学习地图工作坊议程设计阶段。学习地图工作坊议程设计需要将开场导入、输入赋能、研讨共创、成果修订、总结关闭等环节按照学习地图项目成果要素产出顺序进行组合，并对各阶段的主要工作内容和产出进行设计。以材料工程师为例，学习地图工作坊议程如表3.1所示。

2. 工作坊简介

在一天的学习地图工作坊中，学习地图顾问将通过书写头脑风暴、团队共创、投票法、交叉验证、世界咖啡等方法，引导业务专家快速完成供应链管理序列材料工程师学习地图核心要素成果的整理和分析。

3. 参会人员

高级材料工程师8人，材料研发科室主管4人，供应链管理序列HRBP

1　焦点讨论法依照人类自然思考的四个阶段——客观（Objective）、反映（Reflective）、诠释（Interpretive）、决定（Decisional），帮助引导者将对的问题用对的顺序问出来。

(人力资源业务合作伙伴)1人,总部人力资源部培训经理2人,共15人。

学习地图顾问:韦国兵;辅助顾问:李玲项;项目经理:亚平。

表3.1 材料工程师学习地图工作坊议程

阶段主题	工作坊主要工作内容	阶段产出
工作坊启动	开场导入:供应链部长讲话,明确项目背景及工作坊要求	《ABC供应链管理序列材料工程师任务清单》
	输入赋能:学习地图构建方法论及工作坊的流程、产出	
	热身活动:理想的材料工程师自画像——视觉引导卡	
任务清单梳理	输入赋能:从业务到职责到任务的界定	
	小组研讨:梳理材料工程师的工作职责与工作任务	
	团队共创:生成ABC供应链管理序列材料工程师任务清单	
典型任务分析	输入赋能:典型任务提取与分析方法(三维度、四要素)	《ABC供应链管理序列材料工程师典型任务胜任标准》
	小组研讨:各组分析典型任务胜任标准	
	成果修订:各组交叉点评反馈,达成共识	
学习内容分析	输入赋能:学习内容的来源及如何定义描述	《ABC供应链管理序列材料工程师知识词典》《ABC供应链管理序列材料工程师技能词典》
	小组研讨:分组对知识清单、技能清单进行整合和定义	
	成果修订:各组交叉点评反馈,完成知识/技能词典开发	
成长阶段划分	输入赋能:岗位成长阶段划分的方法与案例	《ABC供应链管理序列材料工程师成长阶段划分》
	小组研讨:各组岗位成长阶段划分练习与辅导	
	成果修订:各组交叉点评反馈,达成共识	
学习方案设计	输入赋能:四种基础学习方式与学习主题推导逻辑	《ABC供应链管理序列材料工程师自学阅读指南》《ABC供应链管理序列材料工程师分层课程体系表》《ABC供应链管理序列材料工程师学习地图制作计划》
	团队共创:学习主题清单与学习方式匹配矩阵	
	分组作业:自学阅读、课程体系内容的编写与辅导反馈	
工作坊关闭	复盘反思:研讨会内容和成果复盘,业务专家分享心得	
	计划发布:工作坊成果后期整理及项目推进计划	
	总结关闭:项目发起人点评,工作坊关闭讲话	

3.4 学习地图工作坊前期准备

作为一名引导师,当走进工作坊的备用场地时,你可能会发现场地布局与自己的期待大相径庭,场地的形状可能是狭长的、正方形的,甚至可能是不规则的。场地的大小也千差万别,可能10多人的学习地图工作坊却因为小型会议室被临时租用而不得不使用一个100多平方米的中大型会议室;也可能30人的工作坊,只有一个50多平方米的会议室可用,导致引导共创过程中业务专家难以充分自由交流。

可以想象一个理想工作坊场地的环境,如开阔的空间、规整的研讨墙、适宜的温度、舒适的座椅、安静的周边环境、主题相关的精美海报……这些都将使业务专家倍感舒适,并在一定程度上帮助业务专家提高专注力。这就是场域的力量。所谓场域,就是指有边界的空间,其内涵是通过精心构建,对场域中的人的行为产生影响。引导场域就是指为了让业务专家更好地参与、倾听、理解、认同、表达、交互而精心设计的独特会议空间。通过构建引导场域,不仅可以提高业务专家的研讨动力,还可以增强业务专家之间、业务专家与学习地图顾问之间的连接,从而抓住业务专家的注意力,鼓励其参与其中,打造沉浸式研讨氛围。

如何做到因地制宜,在既定的客观环境下,通过工作坊前期的充分准备,让业务专家在培训中更好地连接和互动?下面从场地选择、场地布局、物料准备三个方面向大家介绍如何做好学习地图工作坊的前期准备。

3.4.1 学习地图工作坊的场地选择

第一,工作坊场地的通透性。需要场地的光线较强,同时尽量避免窗户朝东或朝西,因为直射的阳光可能令部分业务专家感到不适。场地的灯光也尽量选择白光灯而不是黄光灯,避免业务专家因为光线昏暗而难以集中注意力、容易犯困和产生疲惫感。

第二，工作坊场地的面积。原则上，在学习地图工作坊中业务专家的分组不要超过4组（单岗位），业务专家总数不超过28人（每组人数控制在7人以内），否则会影响整体的互动性和研讨效果。关于场地的面积，当只有2~3组时，建议选择50~80平方米的场地。在多岗位并行研讨的情况下，需要选择足够宽阔的场地，以确保各岗位之间的研讨不受干扰，一般为130~160平方米的场地，场地空间的高度一般为3米左右。

第三，工作坊场地的墙面。在学习地图工作坊中，需要足够的墙面区域来张贴会议海报、布置研讨墙、视觉化展示研讨成果等。在理想的情况下，场地至少有一面墙是平整光滑的。有些场地墙面挂有国画、油画等艺术品，或墙面不平整，导致墙面可使用空间就会很有限，但可以提前通过搭建展架、大型白板等方式来替代。如果工作坊场地选在外部专业机构，业主会担心损坏会议室的墙面，或者遇到不允许使用美纹纸的情况，那么需要在会前进行确认和调整相应的研讨流程和配套工具。

第四，工作坊场地的温度。室内温度尽量要可调节，特别是夏天，下午培训开场前调低场地温度1~2度有助于业务专家提神醒脑。冬天则要调成让业务专家"脱掉大衣"的温度，以方便业务专家进行场内互动。

3.4.2 学习地图工作坊的场地布局

选好工作坊场地后，在场地布局的过程中，如何有效分组讨论、做好桌椅摆放也是需要关注的。根据场地的空间、参会人数、参会人员组成特点、需完成的岗位数量等的不同，可以采取不同的分组布局策略。以下是学习地图工作坊中几种常见的场地布局类型，分别是鱼骨形、U形和O形。

1. 常见的场地布局介绍

鱼骨形布局：在学习地图工作坊中是最常见的，中间过道方便学习地图顾问的移动，以便与全场每个小组都产生良好的互动氛围（见图3.5）。鱼骨形布局有利于业务专家进行小组讨论，建议同一场地分组尽量不超过4组

（2~4组为宜），每组人数保持5~7人。

图3.5　鱼骨形布局

U形布局：是一个可以让所有业务专家相互之间都能看到对方的布局（见图3.6）。U形的开口处可设置白板、海报架、投影等，便于学习地图顾问的输入，同时半封闭的形状可以使学习地图顾问和每一位业务专家的距离相等，有利于一对一的互动。

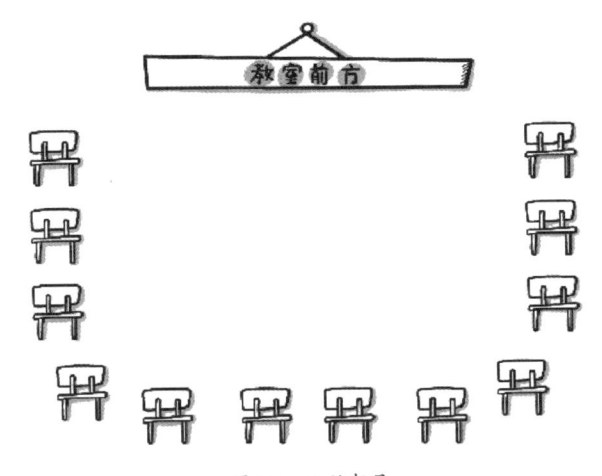

图3.6　U形布局

O形布局：与U形相比，O形是一个完全闭合的布局，这类封闭式的布局有利于培训过程中场域的构建（见图3.7）。O形布局不适宜摆放桌子，因此全员（包括学习地图顾问）将处于一个面对面"促膝长谈"的状态，适用于开场热身环节、关闭总结环节和小组内深度交谈等环节。

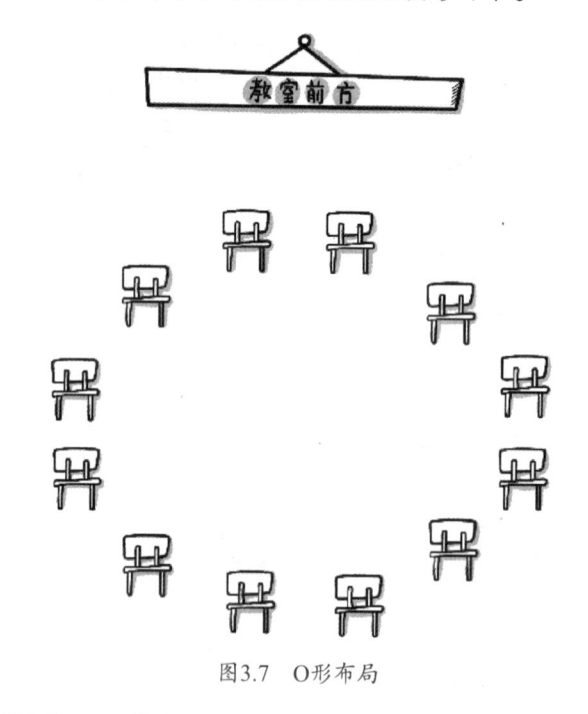

图3.7　O形布局

2. 三种常见布局形式的比较

场地布局形式的选择与工作坊人数、研讨环节、场地物理状况等息息相关。表3.2将三种常见的布局形式进行对比，以分析不同布局的特点和使用的注意事项，在学习地图工作坊实践中需要灵活使用。

表3.2　三种常见布局形式比较

布局形式	布局特点	注意事项
鱼骨形	①学习地图顾问与业务专家互动良好。 ②小组内交流畅通，易于开展小组、团队型教学活动	①桌椅摆放时应保证场地中间过道宽敞，以方便学习地图顾问的移动，近距离同每个小组进行互动。 ②每组座位与各组研讨墙的位置尽量靠近，方便研讨

续表

布局形式	布局特点	注意事项
U形	①适合单岗位学习地图工作坊，且参会人数较少，业务专家个体间互动便利。 ②学习地图顾问易于控场	①在桌椅摆放时应注意两侧边缘业务专家的视野问题。 ②需要在每个座位配备桌子，便于书写、记录
O形	①业务专家个体间互动便利，个人参与感强。 ②营造平等对话的氛围，易于控场	①在工作坊开场、关闭环节，以及重要节点总结阶段，与鱼骨形布局进行组合使用。 ②学习地图顾问可根据研讨阶段选择"参与"与"旁观"，即进入圈内成为分享、主持的一员，或者在圈外倾听业务专家发言

3.4.3 学习地图工作坊的物料准备

想象一下你参加过的一次工作坊，如果你作为会议组织者需要在前期做好物料准备，你会想到哪些可能使用到的研讨用具？海报纸、研讨墙、便利贴、海报架、投票点、白板笔、画笔、计时器、铃铛……可能许多形形色色的东西都会出现在脑海中。下面我们梳理在学习地图工作坊中经常用到的四类物料及使用要点，需要学习地图顾问在每次工作坊前根据工作坊时间和参会人数等进行准备。

1. 纸类

海报纸和A4白纸是组织研讨过程中最普遍使用的纸张，前者可用于团建、成果展示等环节，后者则常用于个人思考记录、转化A5/A6卡纸或自制名牌等。除此之外，在工作坊中，会伴有大量的小组研讨和呈现环节，这些环节会根据会议室条件和具体研讨形式配套使用便利贴和卡纸（例如，当会议室墙面无法张贴研讨墙时，就可利用大白纸和小型便利贴制作一个迷你研讨墙），具体规格如表3.3所示。

表 3.3　工作坊纸类用品说明

名　　称	图　　示	使用要点
海报纸		考虑到部分海报架使用双钉固定的模式，请尽量选择上方附带圆孔的海报纸，以防出现无法固定的问题。 建议尺寸：60cm×90cm
A4 白纸		可以剪裁为 A5、A6 两类最常用的观点呈现卡纸，同时 A4 白纸也会用作研讨和思考时的草稿纸，因此数量要充足
多色卡纸		用于各类研讨、分享环节，不同颜色的卡纸，可灵活用作区分小组、个人、主题等。 建议尺寸：13cm×7.5cm
网格便利贴		单色，比多色便利贴稍大，网格分布可帮助业务专家进行工整的书写。 建议尺寸：15cm×10cm
多色便利贴		当研讨墙版面较小时，建议使用小型便利贴进行观点呈现（通常匹配海报纸使用），规格是正方形

2. 笔类

笔类也是工作坊的基础物料之一，在这里有两点需要特别提醒。第一，使用粗头白板笔（或水性马克笔），避免使用油性记号笔。由于油性记号笔透纸性强且不易擦洗，很容易在工作坊参与者的私人物品及课桌上留下印痕。第二，善用"颜色"活跃培训气氛。在工作坊的物料清单中，每个小组都会配备一盒彩笔。彩笔可以在呈现环节中使用（如绘制任务逻辑图、能力画像等），也可以帮助业务专家进行观点的重点标注。在呈现环节中，色彩和图像的使用可以更好地体现每个小组的独特性、创造性，还可以帮助业务专家激活右脑、发散思维。引导中笔类的选择如表3.4所示。

表 3.4　工作坊笔类用品说明

名　称	图　示	使用要点
白板笔/马克笔		白板笔一般会使用红、蓝、黑三色，为小组共用。通常红色笔每组 1~2 支，蓝色＋黑色笔需要大于或等于组内业务专家数
水彩笔		12 色或以上，每组一套
签字笔		参会者每人一支签字笔

3. 活动用具类

学习地图工作坊的特点是全员参与、充分研讨、深度互动、视觉化呈现、小组竞赛，所以需要根据工作坊环节的设计和场地情况，灵活选择活动用具，如表3.5所示。

表 3.5　工作坊活动用具说明

名　称	图　示	使用要点
研讨墙		用于视觉化呈现业务专家的观点，应根据培训场地墙面的分布情况，选择合适的尺寸（在墙面过小的情况下，推荐每组使用海报纸＋海报架的形式代替研讨墙）。 建议尺寸：200cm×180cm
海报架		可用于呈现现场板书，也可用于记录业务专家小组的讨论要点。如果场地条件允许，推荐每个小组有一个海报架，便于进行组内研讨及呈现。 建议尺寸：60cm×90cm
白板夹		对于那些没有固定器的海报架或大白板，应提前准备一定数量的白板夹。白板夹比磁石贴固定海报的效果更佳

续表

名称	图示	使用要点
大白板		通常用于学习地图顾问板书和多海报的呈现，可以和海报架结合使用。 建议尺寸：120cm×200cm
投票点帖		可用于对观点进行投票，或者用作对业务专家参与情况的计分奖励。在不同的使用场景下，可依据需求使用大、中、小号投票点贴
美纹纸		用于固定研讨墙、海报纸。相对于胶带、透明胶，美纹纸对墙壁的影响较小，不留胶痕
喷胶		喷在研讨墙和海报纸上，或用来增强便利贴的黏性。喷胶有一定异味，请提前喷在所需物品上，并适当通风换气

4. 计时控场类

学习地图顾问在工作坊中还需要特别注意对时间和流程的把控，因此计时控场类工具也必不可少。相应的工具选择如表3.6所示。

表3.6 工作坊计时控场类用具说明

名称	图示	使用要点
计时器		帮助学习地图顾问在研讨过程中把控时间和研讨进度

续表

名　称	图　示	使用要点
铃铛		可用于时间叫停、上课传唤、安静提醒等，辅助学习地图顾问有效控场
便携式名牌		便携式名牌能让交流更方便，可以采用粘贴、夹子、挂牌等多种形式
计分工具		业务专家或小组获得加分、奖励时使用的积分道具，如投票点、扑克牌、点钞券等
谈话球		持有谈话球的业务专家象征拥有话语权，通常在业务专家分享时，引导他人将关注点聚焦在发言者身上

在学习地图工作坊中，需要为业务专家创造一个整洁、自由、有秩序的研讨空间，因此在工作坊物料准备环节，避免场地与桌面的杂乱也是塑造引导场域的原则之一。物料准备也并不是越丰富越好，而是要尽量在最恰当的时机向业务专家提供最需要的物品。如果每个小组没有专属海报架，海报纸就要在使用它的环节再发放，同时完成讨论后海报纸成果需要整理并移动到专门的成果墙上，这样既能避免过多占用业务专家的研讨空间，又能视觉化呈现研讨成果。

第4章 任务图谱分析

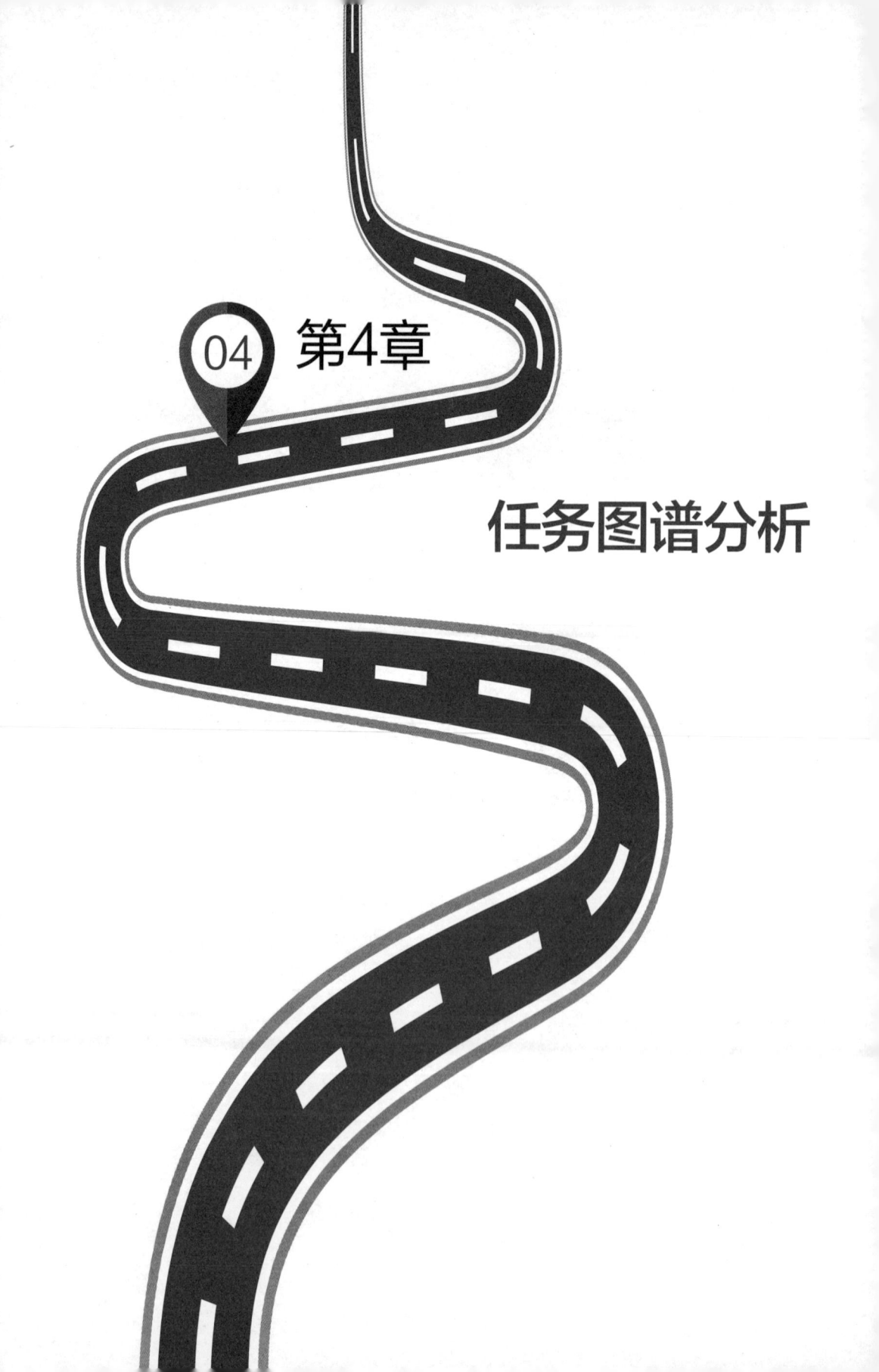

第4章 任务图谱分析

从本章开始，进入学习地图工作坊实操部分，我们将用三章分别讲述如何通过学习地图工作坊分析任务图谱、绘制能力画像和设计学习方案。

任务图谱包含岗位的任务清单、任务定义、胜任标准三个要素，即"干什么""是什么""怎么干"。任务图谱分析，即学习地图顾问引导业务专家梳理出任务清单，对每项任务进行定义，并针对典型任务进行胜任标准分析的过程，层层递进，形成对岗位完整的任务扫描。

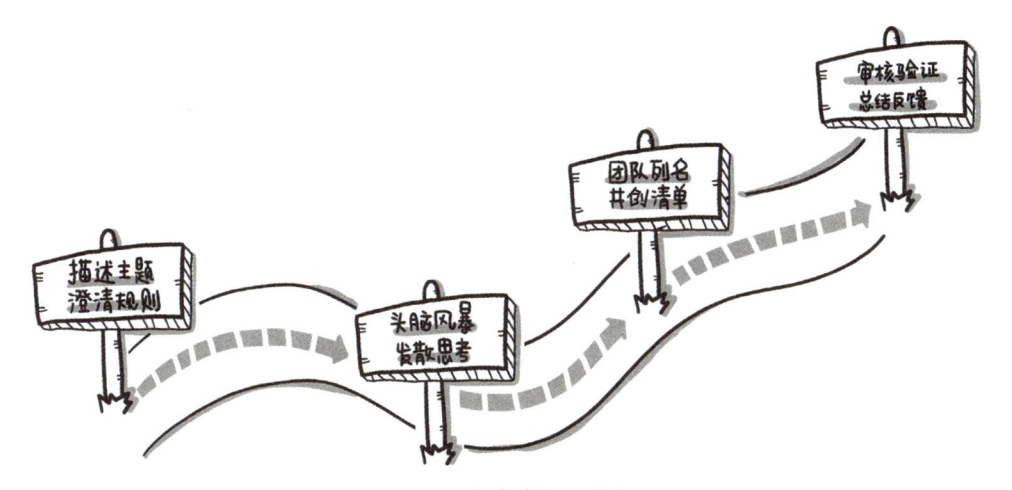

4.1 任务清单梳理

4.1.1 任务清单梳理的流程

任务清单是学习地图设计的基础和依据，而任务清单梳理是学习地图工作坊的第一次团队共创。在此流程中，学习地图顾问需要引导业务专家深度参与，使双方对任务清单的结果达成高度共识。任务清单梳理的流程有四个关键步骤，如图4.1所示。

图4.1 任务清单梳理的流程

1. 描述主题，澄清规则

学习地图顾问要结合项目目标和工作坊议程，准确地向业务专家提出本环节具体的研讨主题，并确保其理解问题的内涵。本环节的研讨主题是"目标岗位的工作任务有哪些"。学习地图顾问在提出问题时可采用一些引导与赋能技巧促进业务专家对问题的理解。

（1）介绍任务清单梳理与分析在工作坊中的重要作用和价值，对工作任务是什么进行解读，并通过举例、测试练习等方式统一业务专家对"工作任务"的理解。

（2）应用图景式提问法，描述一个实际的工作任务以激发业务专家的想象力，使其体会工作场景中的人物角色、处境状况、面临的问题，从而更容易思考这个主题的答案。同时，学习地图顾问可以结合个人的实践经验、访谈中获取的任务信息，分享1~2点对研讨主题的思考，启发业务专家往正确的方向思考。

（3）请业务专家提问。例如，针对这个研讨主题还有什么不清晰的地方？由学习地图顾问进行解释和澄清。在业务专家提问的过程中，学习地图顾问可以思考是否要调整研讨主题的表述方式，以确保研讨主题被更好地理解。

2. 头脑风暴，发散思考

"头脑风暴"一词出自亚力克斯·奥斯本（Alex Osborn）于1953年出版的《想象力实践》一书，是一种激发集体智慧、产生创新设想的研讨方法。在头脑风暴过程中，每个人都被鼓励就某一具体问题及其解决办法提出自己的见解，从而产生尽可能多的观点。头脑风暴的效用在于，相对于个体的观点之和来说，群体能够达到更高的创造性协同水平。在任务清单梳理阶段，头脑风暴是指在学习地图顾问提出研讨主题后，业务专家在研讨流程和规则的指引下，充分发表观点、分享经验，并相互探讨，形成小组内初步的任务清单。

独立思考： 业务专家针对学习地图顾问提出的研讨主题进行独立思考，并将个人的观点书写下来。在此环节，学习地图顾问需要强调，小组成员之间不能交流，要保持独立性，尽可能发散思考，并将思考到的所有观点都记录下来。

观点整合：为了让每位业务专家都充分参与、自由表达，需要业务专家两两结对子，进行第一轮观点整合。两位业务专家依次分享自己的观点，去除重复的观点，汇总整理任务清单，形成统一观点。同理，在整个小组范围内进行第二轮整合。在此环节，学习地图顾问需要强调头脑风暴的基本规则。例如，在观点整合的过程中，如果业务专家对他人的观点不理解，可以提出疑问，并请对方进行澄清。当遇到不同意见，暂时无法达成共识时，需要保留所有不重复的观点，以确保小组整合的结果覆盖了所有成员的观点。

书写卡片：学习地图顾问要求各组将达成共识的工作任务名称书写在白色A5卡纸上，并符合书写规则，如一卡一意、动宾结构、具体清晰、黑色马克笔、横向书写等。在介绍完规则后，为了便于业务专家对规则的理解，学习地图顾问需要向业务专家展示2~3张事先准备好的任务卡片作为示范。任务卡片呈现的内容，一般为某岗位真实的工作任务，便于业务专家更好地理解工作任务的内涵，如销售岗制定大客户营销方案、店员岗处理效期商品、技术岗跨领域性能分析调优、业务管理岗实施年度/季度绩效考核面谈等。各组在增进共识、书写任务卡片的过程中，学习地图顾问需要巡场，观察各组的研讨进度，如果发现偏差或疑问，应及时重述规则或提供方法指导。

3. 团队列名，共创清单

学习地图顾问在研讨墙旁边，按照卡片的观点呈现、观点分类、同类命名的顺序，引导业务专家对各组研讨的任务成果进行整理，并通过二次头脑风暴最终呈现出归类明确、逻辑清晰，且所有业务专家共同认可的任务清单，如图4.1所示。

学习地图

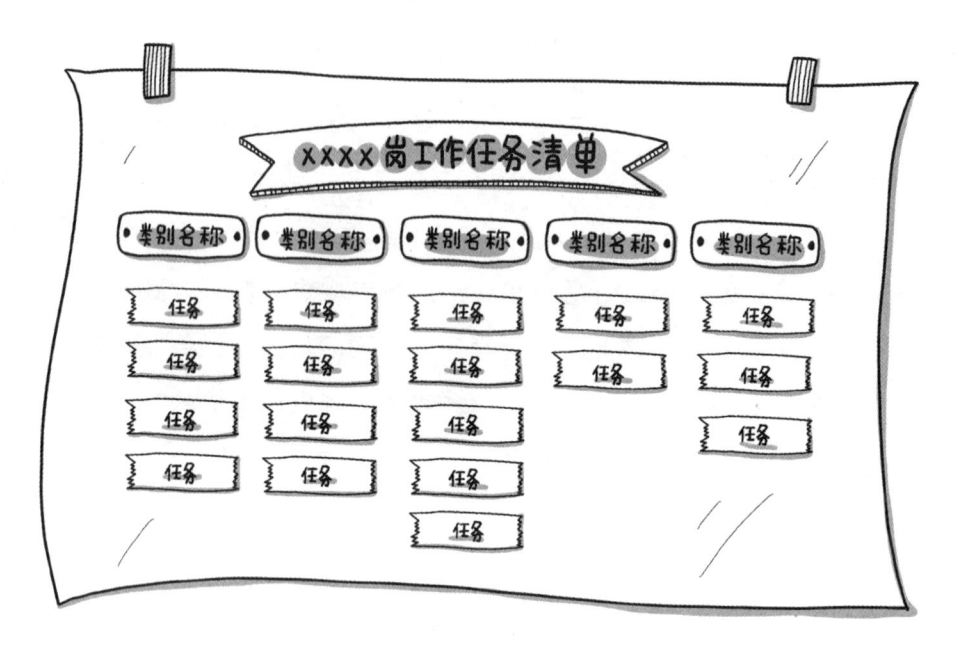

图4.2 团队共创任务清单

观点呈现：在这个环节，学习地图顾问邀请各组代表依次对小组达成共识的任务清单进行简要解读，并和所有业务专家确认是否理解一致。在各组呈现观点时，学习地图顾问要和所有业务专家确认该卡片是否与之前的卡片重复。如果重复，在征得该小组同意后去掉该卡片。同时，还要确认该卡片与之前的卡片是否为一类。如果是一类，则张贴在同类卡片的下方，否则继续横向排列，直至所有卡片全部张贴在研讨墙上。

观点分类：在这个环节，需要将研讨墙上的任务卡片进行合并归类，包括做减法，去重去伪；做乘法，合并取代或合并出新；做加法，补充关键遗漏项。在此基础上，进行类别的整理。通常，一个岗位的任务清单分为5~7类职责，每类职责至少有两项工作任务，并按照归类重新调整卡片位置。分类的常见逻辑包括：先后顺序逻辑，如按工作流程分类、PDCA循环[1]、

---

[1] PDCA循环是将质量管理分为四个阶段，即Plan（计划）、Do（执行）、Check（检查）和Act（行动）。

ADDIE[1]、选用育留等；并列关系逻辑，如人机料法环、人货场销管等；综合交叉关系逻辑，如某工程师的26项任务清单分为7类，包括项目管理的5个环节（项目预研、概念设计、详细设计、设计验证、项目验收）和综合管理2项职责（技术创新、知识工厂）。在实际操作中，一开始很可能出现业务专家对观点分类无法达成共识的情况，此时学习地图顾问需要运用处理分歧、过程把控等引导技巧促进共识的达成。如果学习地图顾问同时也是研讨议题的内容专家，或者曾经有过同类岗位的范例，可适当分享自己的建议作为参考。

同类命名：将所有观点分类后，还要对每类观点进行命名。学习地图顾问可以向业务专家提出这样的问题："用什么词（组）描述这列中的所有卡片？""什么样的标题可以涵盖这些卡片代表的所有观点？"命名的规则与头脑风暴环节书写卡片的要求类似，如动宾结构、用黑色马克笔横向书写、具体清晰等。为了体现标题与观点的区分，书写命名的卡片需要换成彩色的（如红色、蓝色、橙色等）。

二次风暴：在教学时间相对充足，或者追求研讨效果精确度的情况下，学习地图顾问可以组织业务专家进行二次头脑风暴。具体做法是，学习地图顾问要求每个小组再次对研讨成果进行全面检核。二次头脑风暴的内容包括补充新观点、修订现有观点表述方式、合并或删除现有观点，即符合"不涵盖、不交叉、不遗漏"的MECE原则[2]。不涵盖，指的是工作任务的颗粒度大小适中，避免有些工作任务过大包含若干子任务，而有些工作任务过小，应该归属于工作行为而不是任务的情况。不交叉，指的是工作任务之间的边

---

1 ADDIE是一套系统化的教学设计模型，涵盖了教学设计过程的一系列核心步骤，如Analysis（分析）、Design（设计）、Development（开发）、Implementation（实施）、Evaluation（评价）。
2 来源于芭芭拉·明托的《金字塔原理》一书，MECE（Mutually Exclusive Collectively Exhaustive）意思是"相互独立，完全穷尽"。

界清晰，不存在"我中有你，你中有我"的现象。不遗漏，指的是从岗位出发，任务清单要涵盖该岗位所有的工作任务，避免出现重要但低频次的工作任务被遗漏的情况。

4. 审核验证，总结反馈

（1）任务清单"过筛子"，即对每一项工作任务的表述、工作任务之间的关系进行确认和修订，精准化表达，做到"横向拉通、纵向穿透"。

（2）通过"任务逻辑图"显性化地呈现各类职责、任务清单之间的内在逻辑关系，同时校对任务清单的完整性。例如，某个岗位有4类职责、10项工作任务，其中有流程关系也有并列关系，这时就可以用任务逻辑图清晰地呈现出流程关系的任务主题，以及贯穿始终的支撑性任务主题，如图4.3所示。

（3）学习地图顾问邀请业务专家分享研讨感悟和收获，对本研讨环节进行总结，为后续研讨环节积累经验。

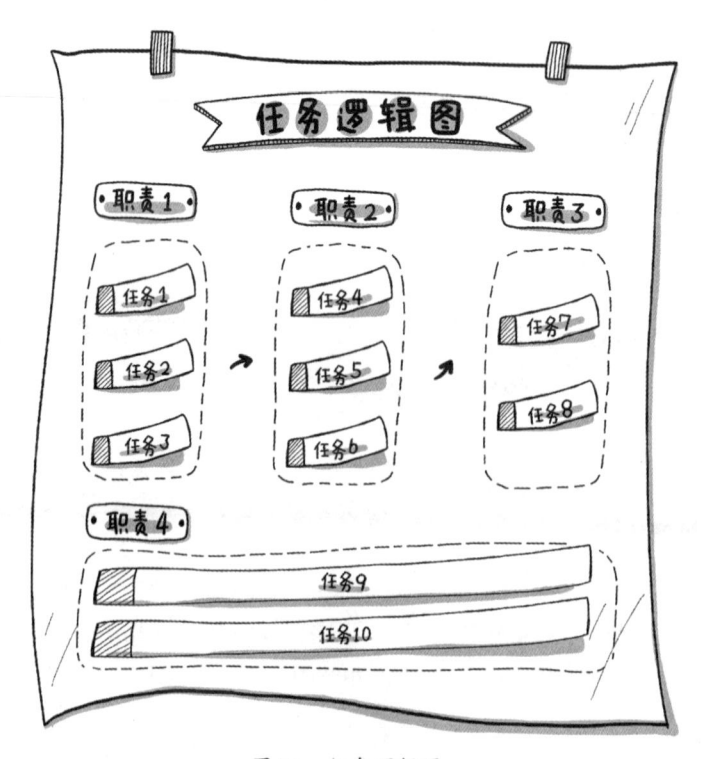

图4.3　任务逻辑图

4.1.2 任务清单梳理的案例

星利公司是日化美妆行业的标杆企业，CS门店是星利公司产品销售的主要渠道。全公司现有200多家门店，而CS门店店长及储备队伍的不足正是限制公司快速持续发展的最大瓶颈。现在公司决定系统化地设计CS门店店长学习地图，以提高关键人才培养的效能。

学习地图顾问在调研分析后，召开了两天的学习地图工作坊，召集了优秀CS门店店长、区域经理、总部各业务部门负责人24人参与。公司总经理亲自开场动员，说明本项目与公司当前推动的线上线下融合、店面流量经营战略的关系，并对业务专家提出了明确的参会要求。开场导入环节后，学习地图顾问通过案例的形式快速介绍了学习地图的价值、学习地图项目的技术路径和本次工作坊的流程，并通过以下四个步骤来引导业务专家梳理CS门店店长任务清单。

1. 描述主题，澄清规则

学习地图顾问向业务专家描述了待研讨的问题："各位业务专家和管理者，接下来我请大家共同研讨一个主题，那就是基于公司对CS门店店长的角色定位，一名优秀的星利CS门店店长的主要工作任务有哪些？在研讨前，各位可以在脑海中快速回忆一下，作为一名店长，他每天、每周、每月的工作重点应该是什么；他需要完成哪些工作才能更好地履职，达成考核指标，胜任组织对他的角色要求……"学习地图顾问在确认所有业务专家理解这个问题后，将"CS门店店长任务清单"字样的横幅张贴在教室侧面的研讨墙上，以方便所有业务专家随时看到。

2. 头脑风暴，发散思考

首先，学习地图顾问请业务专家用两分钟的时间独立思考，并将所有能够想到的CS门店店长的工作任务写在草稿纸上。两分钟后，大部分业务专家都写下了5~8项任务名称，有的业务专家甚至对所写的工作任务进行了分级与逻辑梳理等。然后，学习地图顾问请业务专家两两结对子，相互交流彼此的观点并进行整合。整合后的观点在数量和有效性上都有了提高，并且每个业务专家都通过两两交流对工作任务进行了再思考。最后，各组组长组织组员对观点进行再次整合，形成本小组的观点，大部分小组都产生了10~15项CS门店店长的工作任务。

学习地图顾问对各组的热情参与和贡献进行了鼓励，同时请各组按照规则将所有工作任务写到A5白色卡纸上，并通过两个示范卡介绍和展示了任务卡片撰写的规则，如一卡一意、动宾结构、具体清晰、黑色马克笔、横向书写等。

3. 团队列名，共创清单

在各组书写完卡片后，学习地图顾问邀请所有业务专家聚集到研讨墙前面，安排各组派代表依次分享其中的两项最重要的工作任务。在各组代表分享的过程中，学习地图顾问将所有业务专家确认无异议的卡片依次张贴到研讨墙上，同时征询大家的意见，对属于同类的工作任务贴在一列。在第二轮，每组代表再呈现两项工作任务，直至各组所有不重复的工作任务均已呈现在研讨墙上。随后，学习地图顾问请所有业务专家对任务清单进行检查，通过减法、乘法、加法，确定23个任务词条，并归为6类职责。通过集体共创，将6类职责命名为门店经营、货品管理、场景建设、销售推动、会员管理、团队赋能。

4. 审核验证，总结反馈

学习地图顾问针对6类职责23项工作任务，通过绘制任务逻辑图，清晰、直观地展示了CS门店店长的工作逻辑，同时使任务清单的描述更符合岗位的实际工作情况。在绘制任务逻辑图的过程中，学习地图顾问对一些任务名称进行了修订。例如，"问题物品管理"修订为"效期商品处理"，"市场活动组织"修订为"促销活动组织"，"管理考核指标"修订为"绩效指标分析"。任务清单更科学完整，也更能体现企业特色。

学习地图顾问请各组业务专家分享了参与这个环节的感悟和收获，希望在后续的研讨环节大家可以在规则的引导下更高效地互动。学习地图顾问在巡场的过程中听到了业务专家的一些反馈："这些工作任务大部分都知道，但是这样精准表达才能统一管理语言。""这样的任务逻辑图对新员工理解岗位的要求有很直观的帮助。""这个环节所有人都参与了，所以成果是大家共创的。""这项工作任务可以更新到我们的岗位说明书中。""这个任务清单就是我们辅导带教员工的依据和来源。"……

4.1.3 任务清单梳理的挑战

与传统过程咨询的方式相比，采用团队共创的方法来梳理任务清单，业务专家的参与度更高、成果更科学，但也给学习地图顾问带来了一定的技术挑战。例如，当研讨成果未达预期、业务专家参与度不均衡、发生分歧甚至冲突等情况时，学习地图顾问需要综合运用引导技术进行控场。

1. 如何激发业务专家更广泛参与

学习地图工作坊强调业务专家的共同参与。在实际引导共创过程中，学习地图顾问可能会遇到部分业务专家分享积极、滔滔不绝，而部分业务专家不善表达甚至沉默不语的情况。此时，学习地图顾问可以运用引导技巧，激发业务专家的参与热情。

- 在头脑风暴环节，如果某个小组气氛比较沉闷，学习地图顾问可以提供一些例子、示范给业务专家做参考，通过提问帮助其打开思路；提醒组长适当关注相对沉默的业务专家，多鼓励其发表观点，或者设定规则促进每位业务专家都有公平表达观点的机会，如小组成员先轮流发言，再共同讨论。
- 在集体共创环节，如果仅有少数活跃的业务专家进行研讨或提出反馈意见，学习地图顾问可以通过群体提问法调动其他业务专家参与，也

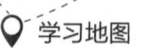

可以在适当环节将全班的研讨变为小组讨论，再分别PK，以均衡业务专家参与和发言的机会。

2. 如何处理业务专家之间的冲突

在研讨过程中，部分业务专家之间的意见分歧如果没有得到及时处理，彼此之间可能会掺杂负面情绪，甚至从分歧走向冲突。此时，学习地图顾问要尽量保持中立、客观的态度，不轻易对内容进行评价，尊重所有业务专家。

- 向业务专家重申研讨规则：彼此尊重、平等交流，不打断、延迟判断，反对一个观点时要提出新的建议等。
- 针对信息不对称引起的分歧，要引导双方进一步阐释自己的观点和立场，在澄清中让所有业务专家都能理解对方观点的原意，从中寻找双方一致认同的部分，实现求同存异。
- 引导其他业务专家参与研讨，以缓和紧张激烈的对抗氛围。例如，学习地图顾问可以提问："针对这个问题，其他业务专家的观点是什么？"对于冲突双方来说，其他业务专家从第三方的角度提出的观点更为中立和客观，更易于理解和接受，同时也可能给争论双方带来新的启发，促进双方共识的达成。

3. 如何做好引导环节的时间管控

由于任务清单梳理阶段有独立思考、分享交流、反馈确认、调整修订等环节，因此这个阶段往往比较耗时，容易出现超时的情况，从而影响后续的研讨进度。

- 为了加强时间管控，学习地图顾问需要事先规划好本阶段的时间分配，并且需要明确告知业务专家每个环节的时间。例如，在头脑风暴环节，学习地图顾问会说："现在，每个人将你认为的该岗位的工作任务书写在A5卡纸上，一张卡纸只写一项工作任务，尽量动宾结构，时间为5分钟，计时开始。"然后，打开计时器开始计时。在研讨过程中，学习地图顾问可适时提醒业务专家剩余时间，帮助业务专家灵活调整研讨节奏。

- 在研讨过程中，学习地图顾问可以使用计时工具帮助自己更好地控制时间。常用的计时工具有实物的计时器、PPT引导材料中插入计时小程序，这些工具可以帮助学习地图顾问和业务专家了解时间计划、时间进度，从而及时调整流程。

4. 如何识别工作任务的有效性

梳理任务清单时，需要对工作任务的有效性进行识别，无效任务的存在将破坏任务清单的逻辑完整性，对能力画像和学习图谱的推导没有价值。常见的无效任务有四类，需要在梳理任务清单时去除或替换。

学习任务而非工作任务：例如，柜员岗有两项任务分别为参加外部培训、学习产品知识。这些任务的目的是更好地履职、胜任工作，其本质是学习任务而非工作任务，需要去除，否则每个岗位将充斥大量学习任务，从而分析不出岗位真正的任务清单，并且与后续的能力画像内容重合，从而边界不清。

工作手段而非工作任务：例如，柜员岗需要收发电子邮件、跨部门沟通、参加例会等。这些都是完成工作任务过程中的手段，不是工作任务，属于伪任务，需要在任务清单中去除。

工作要求而非工作任务：例如，完成销售指标、提高服务质量等，这些或为工作结果或为工作目的，是组织对岗位的工作要求，而非岗位需要践行的具体工作任务。有些要求本身很重要，甚至是工作任务开展的依据和目的，但其不属于工作任务，需要在任务清单中去除。

工作能力而非工作任务：例如，商务呈现技巧、报告撰写能力、执行力等均为工作能力而非工作任务，需要在任务清单中去除。这些工作能力将体现在岗位的能力画像部分。

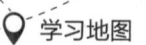

5. 如何让任务清单颗粒度更统一

在梳理任务清单时，工作任务的颗粒度要适中，才能让整个任务清单真实地呈现岗位的实际工作场景。我们根据实际经验总结了以下参考原则。

- 任务清单的工作任务数量常处于15~25个之间。学习地图顾问可将整理出来的工作任务数量与经验数据进行比对，再通过提问的方式确定哪些工作任务实际上是任务集而需要拆分，哪些工作任务是子任务而需要整合。

- 如果一项工作任务占任务清单工作总量的比例超过20%，该工作任务可能是任务集，需要从对象、业务类别、流程顺序等角度将其拆分为若干子任务。例如，某银行柜员岗位有一项工作任务为"业务办理"，占工作总量的50%。显然，这项工作任务的颗粒度过大，需要根据业务类别对其进行拆分。

- 如果一项工作任务疑似一个具体行为，那么可能是任务颗粒度过小，需要与相关工作任务进行整合，向上一层进行归类。例如，客户经理的任务清单里有"拜访前准备""确定解决方案目标及指标"等表述，这些相对该岗位更偏向子任务、关键行为的范畴，并非一个独立的工作任务，需要从任务清单中移除或合并。

6. 如何让任务清单的归类更高效

在团队列名环节，由于不同业务专家对观点的认知、观察视角存在差异，因此学习地图顾问在组织团队列名时常常碰到业务专家对工作任务的归类命名无法达成共识的情况。比较常见的情形和应对策略有以下几种。

- 在任务卡片集体解读时，业务专家对卡片的归类位置产生分歧。如果在集体解读的过程中，业务专家对卡片是否重复、是否同类产生分歧，并且通过澄清、确认、举例等方式无法快速达成共识，学习地图顾问就需要提示业务专家暂时搁置争议，在此环节以卡片提供者的意见为准。另外，学习地图顾问需要注意，为了确保各组都有发表观点的均等机会，每组每次仅呈现2~3张卡片，直至所有卡片呈现完毕为止。

- 在任务卡片张贴过程中，观点横向排列类别过多，甚至全部各自独立，没有归类。在这种情况下，学习地图顾问首先不要急于干预，更不要给出评判和建议，否则会让业务专家感觉被指责、被约束和不被理解与尊重，影响其后面研讨的积极性。更优的做法是，学习地图顾问适当地提醒业务专家对观点进行分类，在全部观点呈现完毕后，再提醒业务专家，如果分类过多，则难以看清整个任务清单的逻辑关系。同时告知任务分类的基本原则，如通常情况下任务分类数量是5~9类。基于这个原则，具体怎么分类则由业务专家来决定。

- 在任务类别命名时，业务专家对分类和命名无法达成一致。任务类别命名需要较强的总结提炼和表达能力，这对业务专家来说难度较大。这个环节如果缺乏有效引导，也很容易出现业务专家之间争执不下、使研讨进度滞后的情况。通常情况下，有个别思维活跃的业务专家会主动提出一些分类维度和结果。学习地图顾问可以基于这些建议，引导业务专家尝试进行归类，并在归类过程中调整优化。学习地图顾问也可以采用小组形式来提高效率，即一组业务专家对2~3类任务进行命名，然后小组之间交叉反馈建议，快速达成共识。

4.2 任务定义描述

任务清单勾勒出了岗位的工作范围，但具体每项工作任务，不同人对其理解是不一样的。例如，培训经理的任务清单里有一项工作任务是制订年度培训计划。这一工作任务的名称表述本身是清晰准确的，但在有些培训经理看来，制订年度培训计划就是年终向员工代表发一个培训需求调研表，统计一下培训课程的需求，然后做成培训计划表上报领导审批。在另一些资深培训经理看来，制订年度培训计划涉及对公司过往培训周期的复盘总结，对公司新一年度战略的解读和业务发展规划的分析，同时还需要对公司高层、重点业务部门管理者进行访谈，以及进行学员层面的问卷验证与数据分析等。这两种看法对工作任务的理解有很大差异，因此对能力的要求、培训的需求也是大相径庭的。同时，制订年度培训计划这一工作任务是否包括年度需求分析？是否包括培训预算的制定？是否包括年度计划的分解及季度计划、月度计划的发布？是否包括重点项目的方案设计等工作？这些问题的答案都会影响制订年度培训计划这一工作任务的真实内涵。同理，店面现场管理、处理客户投诉、开展市场调研、实施人才盘点等这些工作任务的内涵到底是什么，需要业务专家对任务清单进行明确的定义。

4.2.1 任务定义描述的要素

任务定义描述有三个构成要素，抓住这三个要素，就能简洁、清晰、快速地对任务定义进行描述，统一大家的沟通语言。这三个要素分别为工作方法、任务内容、达成效果。

工作方法：完成工作的手段、常用工具、参考依据等。例如，使用公司客户管理系统，现场走访，网络调研，根据公司×××制度等。

任务内容：具有实质含义的行为动作的集合。例如，收集各条线的培训需求，整理制作全年的培训计划表；完成课程目标和大纲的编写；实施内训师选拔、培训、认证和入库工作等。

达成效果：任务的目的是什么或最终做成什么样，如提高内训课程占比、确保内部课程库质量、实现资源配置的科学性和有效性等。

使用三要素进行定义时，通用句式是"通过……方法，实施……内容，达成……效果"。例如，某科技公司解决方案经理岗有两项工作任务：客户显性需求挖掘和客户需求引导。"客户显性需求挖掘"定义描述为"与客户经理共同拜访客户，在判断客户需求基本清晰明确的情况下，深入了解客户的需求背景、期望目标、技术要求、成本预算等信息，为制定解决方案收集详细的参考信息"。其中，"与客户经理共同拜访客户"是工作方法，"深入了解客户的需求背景、期望目标、技术要求、成本预算等信息"是任务内容，"为制定解决方案收集详细的参考信息"是达成效果。

如果没有清晰的定义，是很难分清"客户显性需求挖掘"和"客户需求引导"这两项工作任务的联系和区别的，它们的任务清单对能力画像、培训需求的分析也就不具备针对性和指导性。业务专家给"客户需求引导"的定义描述是："在与客户沟通的过程中，如果发现客户对需求的描述比较模糊，或没有信息化业务需求，同时需要深入分析客户信息化现状及业务问题，并基于个人的专业判断向客户提供针对性的解决方案构思，从而引导客户的思路和关注焦点。"其中，"客户沟通"是工作方法；"深入分析客户信息化现状及业务问题，并基于个人的专业判断向客户提供针对性的解决方案构思"是任务内容；"引导客户的思路和关注焦点"是达成效果。通过对任务清单里每项工作任务的定义描述，统一了大家对岗位工作任务的认知，为典型任务分析、能力画像绘制、学习方案设计提供了统一视角。

4.2.2 任务定义描述的流程

通常，任务定义的精准化描述对业务专家来说有一定的难度，因为业务专家常常是会做不会说或会说不会写。所以在这个环节，学习地图顾问要用引导流程发挥集体的智慧，提高共创的质量。常见流程如下。

1. 任务定义描述示例解析

学习地图顾问清晰地说明任务定义描述的基本规则和三要素组合法，并用真实的案例来展示和分析任务定义的特点和范式。注意，这时一般不选择

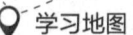

本岗位的工作任务来举例，防止业务专家陷入内容的思考中，更重要的是，通过举例让业务专家理解任务定义描述的方法。

2. 任务定义描述方法练习

每组参照学习地图顾问的示例及要求，描述1~2项工作任务的定义。各组在学习地图顾问引导下进行点评反馈，让各组真正掌握任务定义描述的方法。

3. 分小组讨论并给予辅导

将任务清单里剩余的工作任务分配给各组，让其在规定时间内完成所有任务定义的描述。在各组撰写的过程中，学习地图顾问应及时给予辅导和过程反馈。

4. 对定义进行修订并达成共识

小组完成讨论后，学习地图顾问带领全体业务专家对所有工作任务的定义进行审核和修订，确认定义是否有歧义、内容是否有缺失，确保大家对任务清单的理解是一致的。在任务定义描述及优化的过程中，也会出现对任务清单内容进行调整的情况，如部分工作任务在定义描述后应该进行合并或者拆解，所以任务定义的描述也是对任务清单的再次校准。

4.2.3　任务定义描述的挑战

1. 不能用概念解释概念，要有实质内容

例如，培训管理者有项工作任务是制订年度培训计划，业务专家将此项工作任务定义为："基于战略和业务视角，对公司年度培训计划的来源进行分析，整理形成一套详细的年度培训计划，为年度整体培训工作的有序开展提供指导。"这种任务定义读起来似乎有道理，但属于"用概念解释概念"，并没有真正对制订年度培训计划这项工作任务的内容进行描述，起不到统一认知的作用。经过讨论，将其修改为："通过数据统计、问卷、访谈、研讨会等多种形式解读公司战略，调研业务部门工作重点、难点和培训期望，分析员工能力现状与业务发展要求之间的差距，从而确定年度培训主题、关键群体、培训方式和时间安排等，为年度整体培训工作的有序开展提供指导。"

2. 任务内容描述尽量完整，做好定义区分

在任务定义描述的三大要素中，任务内容是必不可少的。当内容较多时，可通过概括提炼的方式来表述，尽量不遗漏重要内容，避免因任务内容描述不完整而改变工作任务本来的意思。例如，课程开发管理这项工作任务，"通过需求分析确定课程开发主题，组建课程开发团队完成教学内容及教学活动的设计与开发，并组织对开发成果进行验收入库，后期根据使用情况对课程库进行持续迭代优化"。这一定义的重点对课程开发管理中的定课题、建团队、过程管理、入库验收、课程迭代等关键内容进行了描述，这样就能比较清晰地界定课程开发管理与课程开发这两项工作任务的区别了。

3. 定义描述的用词要准确，做到边界清晰

"参与""协助""负责""执行""管理""组织""审核"等动词都有其特定的含义。例如，上文所定义的"课程开发"与"课程开发管理"就是两项不同的工作任务。每个岗位的专有名词（术语）也有其特定含义。例如，以培训管理岗为例，涉及培训体系与岗位培训体系、培训管理体系、培训制度体系、培训评估体系与培训项目效果评估、培训效果转化与跟踪、培训项目复盘等，它们的内涵都是不一样的。不同的动词代表的行为内容、方式与程度不同，不同的名词代表的工作范围和边界也不同，都需要精准表达。

4.3 典型任务分析

有了任务清单和任务定义，理论上还需要分析每项工作任务的胜任标准，为能力画像绘制、学习方案设计提供内容依据。为了提高效能，我们需要抓住关键的少数，将分析重点放在典型任务上，这样既能提高学习地图构

建的效能，更敏捷高效，又能为后续培训资源的配置提供更针对性的参考依据。

所谓典型任务，是相对整个任务清单的其他任务来说的，即从绩效相关性（Performance）、工作难度（Difficulty）、发生频率（Frequency）三个维度来衡量，简称PDF三维度。其中，绩效相关性，指的是工作任务与岗位价值贡献的关联度越高，与岗位的绩效相关性越高。工作难度，指的是工作任务本身越复杂，工作挑战越大，对独立胜任该工作任务的知识技能的要求也越高。发生频率，指的是相对其他任务项，其在同一周期内发生的频次或工作时间的占比更高。

4.3.1 从任务清单到典型任务

一个岗位的典型任务数量常见的是7~11项，可以根据岗位及工作坊实际情况来进行调减或调增。如果岗位工作本身比较复杂、涵盖多类型工作任务，岗位成长周期较长，任务清单数量较多，现场参与研讨分析的专家人数较多等，则典型任务数量可适当倾向多数，反之亦然。具体从任务清单中如何挑选这7~11项典型任务，常见的选择方法有如下三种。

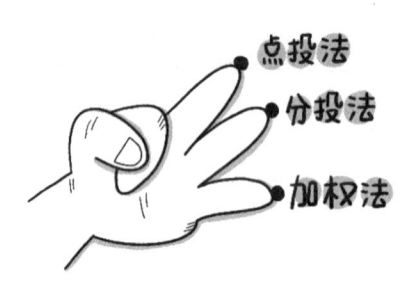

1. 点投法

点投法，即点数投票法，是指每位业务专家拥有一定的票数，每一票都代表相同的重要性并具有相同的权重。对任务清单的每个被选项只能投一票。点投法可以直观地对工作任务进行筛选，找出典型任务，具有快速、便捷、易操作等特点。

票数确定原则：每个人拥有的投票数不超过任务卡片总数的50%。如果有21项工作任务，那么每个人的投票数不要超过10个。当参与者人数较多时，票数可适当减少，但不能少于任务图谱的任务类别数。同时，为了让投票者从岗位全成长周期而不是具体某个阶段角色的角度来选择，投票必须覆盖每个任务类别。

投票组织技巧：第一，明确规则。首先，解读典型任务选择的PDF三维度，明确每位业务专家的投票数，强调投票规则。其次，让业务专家在10秒钟内再次回顾整个任务清单，独立思考并做出自己的选择。第二，投票过程尽量减少干扰和影响。根据现场人员的组成确定投票顺序，如岗位标杆和岗位管理者，则岗位管理者后投票；分公司人员与总部人员，总部人员后投票；同岗位业务专家，岗位职级有区别的，初级、中级先投票，高级后投票，并用不同颜色的投票点进行区分。第三，投票完成后，统计投票结果，并用红色马克笔圈出前7~11项任务卡片，让业务专家集体确认。如有不同意见，可以进行说明。组织业务专家在此基础上进行焦点研讨和决策，最终达成共识，确定典型任务。

2. 分投法

分投法，即分数投票法，是相对点投法的另一种投票法。两者的区别在于，点投法解决确定性问题，分投法解决倾向性问题。每位业务专家拥有一定的分数，分数可以组合和累加，即投票人针对任务清单的每个选项可以根据其典型性分配不同分值。被投票任务同样是典型任务，但其典型程度有差异。

分数确定原则：每个人拥有的分数等于任务卡片的总数。如果有21项工作任务，那么每个人可以分到21分。可以给同一项工作任务分配不同的票数，以体现其关键性。为了防止出现不均衡的投票，可以限制每个人对每项工作任务的分值。常见的是，每个人对每项工作任务最多可以投3分，即所投分数可以是3、2、1和0。为了让业务专家从岗位全周期角度而不是具体某个阶段角色的角度来选择，可以要求被投分数的任务卡片必须覆盖每个任务类别。

投票组织技巧：同点投法所述的三点技巧。

3. 加权法

与点投法、分投法等投票法相比，加权法在精确性上更高。每位业务专家对每一项工作任务按照绩效相关性、工作难度、发生频率三个维度分别打分，每个维度的满分是10分。这样通过多位业务专家的打分，结合每个维度的权重就可以精确地得出每项工作任务的总分，按得分多少进行排序即可。加权法，通过量化选择的过程，让思考更充分、结果更严谨，但相对点投法、分投法，其操作时间较长。

加权法组织技巧：第一，明确规则。解读典型任务选择的PDF三维度，展示典型任务评分表并说明评分和填写要点。第二，与业务专家达成共识，结合岗位特性对绩效相关性、工作难度和发生频率进行权重分配。学习地图顾问可提供一定的参考，例如，营销类岗位通常为532结构，即绩效相关性（50%）、工作难度（30%）、发生频率（20%）；技术类岗位通常为442结构，即绩效相关性（40%）、工作难度（40%）、发生频率（20%）；一线业务操作类岗位通常为433结构，即绩效相关性（40%）、工作难度（30%）、发生频率（30%）。第三，评分完成后，快速统计评分结果并排序，让业务专家再次进行确认，如有不同意见，可以进行说明。组织业务专家在此基础上进行焦点研讨和决策，最终达成共识。

4.3.2 典型任务分析的要素

任务分析是为了界定工作任务的胜任标准，推导出能力要求和学习内容，一般包括五个要素。一是场景。该项工作任务有哪些主要应用场景？是如何完成的？二是行为。每个任务场景有哪些关键行为来支持？三是挑战。完成这些关键行为的挑战是什么？难点在哪里？从组织和个人层面这些挑战如何应对和有效解决？四是能力。在特定场景下，实施这些行为、克服这些挑战需要具备什么样的专业知识和专业技能？要想做得出色，还需要什么样的特质和才干？五是工具。在场景、行为、挑战、能力的各个环节，涉及的常用工具方法有哪些？典型任务分析表如表4.1所示。

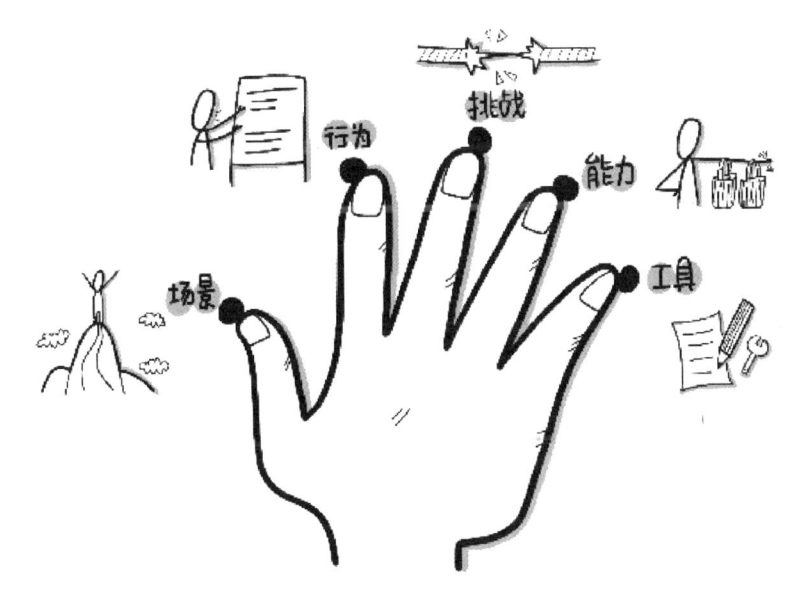

表 4.1　典型任务分析表

场景	行为	挑战		能力			工具
		挑战描述	应对策略	知识	技能	素质	

1. 场景分析

（1）按照流程分析法进行场景分析，即按照任务流程的先后顺序拆分一项工作任务的第一步、第二步、第三步等分别是什么。例如，客户投诉处理这项工作任务，可以拆分为"先心情再事情，安抚客户情绪""厘清事实，倾听客户异议""探询交流，提出解决方案""达成共识，推动问题解决"四个场景。

（2）按照要素分析法进行场景分析，即按照工作任务的要素如地点、人物、事件等进行分析。例如，渠道帮扶这项工作任务拆分为流通渠道帮扶、速食渠道帮扶、商超渠道帮扶、关键客户帮扶等场景，有时这样的要素分析法更有行业和岗位特色。

接下来举例说明两者的差异。例如，一名实体渠道店长的团队激励管理任务，按照流程分析法进行分析，可以分为发现优秀员工行为、制定激励方案、实施激励方案、评估激励效果。这种分析的场景逻辑性强、内容完整，但也可能导致同质化，与实体渠道店长的真实激励管理实践不相符，对后续的培训内容起不到参考作用。按照要素分析法进行分析，可将"团队激励管理"这项工作任务拆分为日常例会表扬、大促活动激励、业绩面谈沟通、周期性评优宣传、公司PK文化宣导等。这些场景是实体渠道店长这一角色在一线团队激励中真正在做的事，对后续能力分析和学习内容分析更有指导价值。

2. 行为分析

行为分析是在场景分析基础上对任务场景的进一步分析。如果客户投诉处理这项工作任务有个场景是安抚客户情绪，那么大堂经理在接到客户投诉处理任务时，第一步是如何安抚客户情绪的呢？此时业务专家需要回顾和提炼过往实际工作中的有效做法，并行为化地描述出来，便于学习复制。例如，分解其关键行为，如"物理分割，引导客户到贵宾接待室，不影响其他业务""通过问候、倒水等方式礼貌接待客户""同理倾听与回应客户反馈，快速与客户建立信任关系"等。

3. 挑战分析

完成这些关键行为有什么样的挑战？从组织和个人层面，我们将如何应对和有效解决这些挑战？例如，在客户投诉处理这项工作任务中，常见的挑战包括："客户在大厅大吵大闹，不愿和大堂经理到单独空间进行交谈，提出要见公司领导，该怎么办？""如何快速判断客户类型，找准客户投诉背后的真实诉求，对症下药，从而化解投诉？"这些挑战都是大堂经理在处理客户投诉时会遇到的，也是学员如何通过学习来提高个人能力的关注点。在学习地图顾问的引导下，业务专家需要梳理出关键行为的挑战并分析对应的解决策略。一是组织策略，即公司层面可以给员工提供的资源支持，助力当事人更高效地解决问题，如工具、资源、指引等。二是个人策略，作为当事人，大堂经理如何应对这些挑战。

4. 能力分析

在特定场景下实施这些行为、克服这些挑战需要具备什么样的专业知识和专业技能？要想做得出色，还需要什么样的特质和才干？在能力分析环节，能力要素被归为三类：一是知识（知道），二是技能（会做），三是素质（做好），如图4.4所示。例如，针对大堂经理客户投诉处理这项工作任务，通过分析该任务主要场景下的行为和挑战，大堂经理需要具备的知识包括公司处理客户投诉规范、产品与业务知识、业务办理流等；技能包括客户需求分析、常见风险点判断与识别、政策解读、解决方案设计等；要想在处理客户投诉时做得出色，还需要相应的素质，如亲和力、服务意识、坚忍抗压、果断等。

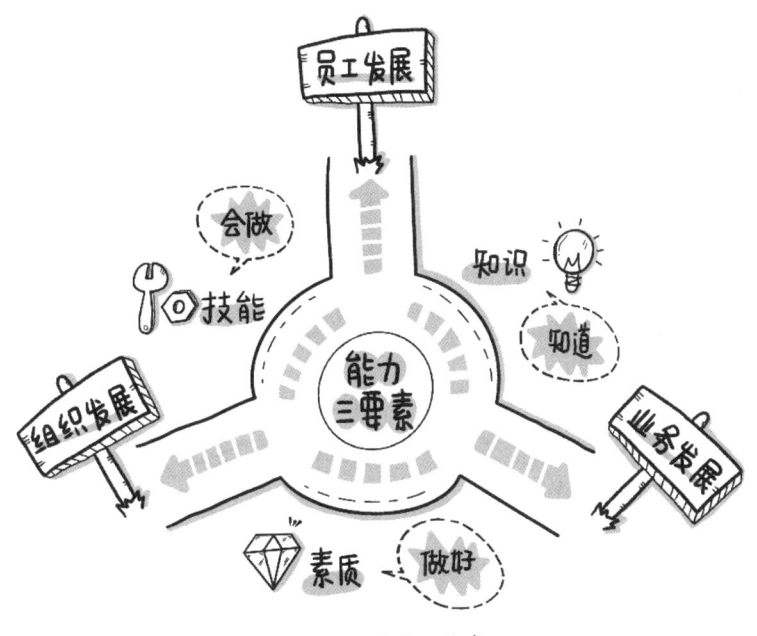

图4.4 能力三要素

5. 工具分析

工具原指工作时所使用的器具，后引申为达成某种目的的手段。我们这里的工具不是指具体的某个实体物质，而是指完成工作所需要的各类表单、模板、规则、流程等软性工具。例如，培训经理制订年度培训计划这项工作任务，基于分析的场景、行为、挑战、能力等要素，要做好这项工作任务，需要的工具包括管理层访谈提纲模板、培训对象访谈提纲模板、调研问卷设计标准与范例、公司年度培训计划表模板、培训计划报告格式与范例、培训预算与分解表等。这些工具是基于任务分析中的场景分析、挑战分析、能力分析等得出的，同时为后续的培训设计提供了内容支持。

4.3.3 典型任务分析的流程

在学习地图工作坊中，典型任务分析是业务专家研讨共创的重点和难点。该环节有三个关键步骤。

1. **典型任务分析方法的赋能**

学习地图顾问首先要对典型任务的选择标准、典型任务的构成要素、典型任务分析的价值和逻辑进行解读，并且通过案例成果展示的方式来赋能。例如，在技术研发、生产制造、销售服务、职能管理不同主题的学习地图工作坊，尽量用同类型岗位的任务分析成果来举例，让业务专家能更容易理解任务分析的相关原理和要求。

2. **分组讨论并给予及时辅导**

根据典型任务的数量将所有业务专家重新分成3人一组的若干组合，每个组合认领若干典型任务来分别分析。为了保证质量，提高竞争性，一般的做法是学习地图顾问要保证每个典型任务都有两个小组在同步分析，后续可以互相验证和对焦，这种PK的方法会更容易发现不同分析逻辑的优劣势，让业务专家有不同视角来思考，在此基础上的共识将大大提高"典型任务分析"这一环节的质量。在各组进行小组讨论时，学习地图顾问要持续巡场，并根据各组的进度适时提供典型任务分析方法的辅导与反馈。

3. 集体分享成果并进行优化

按照典型任务的顺序，由各组分享典型任务分析的结果，引导业务专家进行反馈和完善，形成典型任务分析的最终成果。

4.3.4 典型任务分析的挑战

典型任务分析需要业务专家非常熟悉业务，有丰富的工作实践经验，并且能够把这些经验进行有效总结和提炼，形成典型任务分析表。

1. 如何做好分析过程的引导与辅导

在分组研讨时，学习地图顾问需要随时关注各组进度，对遇到困难的小组及时给予引导和支持。有些业务专家不擅长把自身的优秀做法显性化、概念化，这时学习地图顾问需要通过提问来引导业务专家对所研讨的工作任务进行有效分析。例如，让业务专家用口头语言来描述这项工作任务平时是怎么干的，可以让业务专家举个例子、讲个故事等说明。业务专家是专家的身份而非学员的身份，学习地图顾问是引导者的身份而非培训师的身份。当业务专家把学习地图顾问当成这项工作任务的小白而非老师时，他通常能侃侃而谈这项工作任务在实践中的各种做法，此时学习地图顾问可以进行适当的提炼和归纳，并与业务专家进行确认，这样业务专家就能快速掌握典型任务分析的方法。

2. 典型任务分析的结果有哪些应用

推导能力画像：典型任务分析中包含了知识、技能、素质三要素，通过对三要素的整合就能形成能力画像的主要框架，再结合访谈调研、专家补充完善等方式就能形成知识词典、技能词典和素质词典。

推导学习内容：典型任务分析中的场景描述、行为标准正是后续学习内容的直接来源之一，既是任务场景类课程、经验分享类课程的主要内容，又是在岗辅导的主题、主要内容和标准。其中，典型任务分析的挑战和工具更

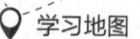

是学习内容中需要关注的重点。

推导胜任标准：典型任务分析中的关键行为分析经过转换成为岗位评价的胜任标准，因为它提供了模块化、标准化的行为要求，可观察、可测量。例如，一个岗位有5类职责、25项工作任务，平均每项工作任务有4个关键行为，即该岗位有100个关键行为，这100个关键行为的标准再结合各类职责的考核占比系数就能得出岗位胜任评价表。

3. 如何在成果科学的基础上更敏捷

（1）项目组提前收集岗位说明书、业务操作手册等，尤其是技术、研发、生产等岗位。这些岗位的标准作业程序很完整且详细，在任务分析阶段可作为业务专家的重要参考。任务分析虽不同于岗位标准作业程序，但两者的内容可以互相借鉴，且在一些交叉部分要保持相同的表述，所以这些资料可以让任务分析既省时省力，又能保质保量。

（2）采用2~3人协同的方式，提高效率。两组同时完成同一个典型任务分析的PK机制来保证产出质量，同时兼顾质量和效率。

（3）在任务分析五要素中，在敏捷版学习地图工作坊中只分析场景和能力两个要素，行为、挑战、工具三个要素在未来的学习资源开发阶段（如课程开发、辅导手册开发）时再讨论，这样能够大大节约学习地图工作坊的时间。

第5章 能力画像绘制

能力画像是将岗位所需的知识、技能、素质与成长阶段进行匹配，从而清晰定义不同成长阶段的能力要求。能力画像有四个要素，即知识词典、技能词典、素质词典和成长阶段，是学习方案设计的重要依据之一。能力画像绘制，即学习地图顾问引导业务专家基于任务分析对岗位不同成长阶段的知识、技能和素质进行梳理和定义的过程。这是承上启下的关键一环，上接业务与任务，下联学习与发展。

5.1 知识词典和技能词典

知识词典和技能词典的梳理、定义的流程是一致的，内容是相辅相成的，所以我们将二者放在一起来分析。知识词典是从知识类别到知识清单再到知识定义的完整逻辑和结果的呈现，同理，技能词典是从技能类别到技能清单再到技能定义的完整逻辑和结果的呈现。

知识词典和技能词典要回答两个问题：一是岗位所需的知识和技能有哪些，如何分类？二是知识和技能如何定义描述，即知识和技能的范围和学习内容是什么？

5.1.1 关于知识和技能

1. 知识的分类与概念

什么是知识？《布卢姆教育目标分类学》一书中，将知识分为四类：事实性知识、概念性知识、程序性知识和元认知知识。其中，事实性知识指的已经客观存在的事实、现象及相关知识，如公司的主要业务和产品知识、物流管理

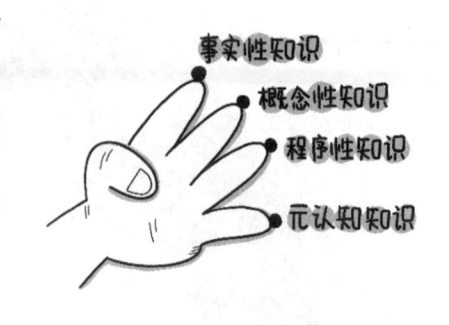

体系标准等。概念性知识指的是可以迁移应用的规律、原理，如领导力梯队理论、市场营销学、教学设计原理等。程序性知识指的是做事的方法、原则，如行为事件访谈法、FABE销售法则[1]、欲知学练测结六步教学设计法等。元认知知识指的是关于认知的知识，即人们对于"什么因素影响人的认知活动的过程与结果？这些因素是如何起作用的？它们之间又是怎样相互作用的？"等问题的认知。其中元认知的影响因素包括两种，一种是个人因素，是有关个人作为学员的知识，如"有的人属于深思熟虑，而有的人擅长在与人沟通中梳理问题解决的思路，不断校准，最终得出结论"；另一种是任务因素，是有关任务的知识，如"学员对一门课程的需求和组织的需求是不完全一致的，甚至有时差异甚大"。

在布鲁姆的理论研究基础上，结合典型任务分析的流程方法，我们可以得出结论，学习地图能力画像中的知识主要指的是，与岗位工作高度相关的业务产品、概念原理、方法模型、流程步骤、原则逻辑、认知常识等，即胜任该任务员工必须知道的。例如，家装设计师有项工作任务叫"方案设计与绘制"，其需要的知识就包括人体工程学在计测数据中的应用、家具常用尺寸、施工工艺、用户行为分析等。

2. 技能的分类与概念

我们通常把技能分为三类，即操作技能、智力技能和人际技能。操作技能是指由一系列外部动作构成，通过人的外部机体运动所完成的符合规则的行动方式，主要借助于骨骼、肌肉和神经来实现，是对设施设备、仪器仪表、系统软件、工具表单等的使用，如工程绘图、BOSS系统[2]、Excel制

---

[1] FABE销售法则是非常具体、可操作性强的利益推销法，可以通过四个关键环节，极为巧妙地处理好用户关心的问题，从而顺利实现产品销售。F代表特征（Features），A代表由这特征所产生的优点（Advantages），B代表这一优点能带给顾客的利益（Benefits），E代表证据（Evidence）。

[2] BOSS是Business Operation Support System（业务操作支撑系统）的简称。

表等。智力技能是指人们在头脑中借助规则、思维和语言来表现事物和观点而进行的智力活动，如阅读理解、报告公文撰写、统计与分析、解决方案设计等。人际技能是指人与人之间的交流互动的能力，如客户沟通、产品营销、投诉处理、答疑与反馈等。

在这些理论研究基础上，结合典型任务分析的流程方法，我们可以得出结论，学习地图能力画像中的技能指的是，有效完成工作任务所必备的，需要通过学习、练习掌握的行为能力，是外在可观察的行为组合，即履行该任务员工必须会做的。同样以家装设计师的工作任务"方案设计与绘制"为例，其需要的技能包括测量工具使用、Home应用程序操作、CAD绘图软件操作、客户沟通、需求挖掘与分析等。

5.1.2　知识和技能清单梳理

在学习地图工作坊中，学习地图顾问引导业务专家梳理知识和技能清单的操作流程有如下三个关键环节。

1. 知识和技能的示例解析

在学习地图工作坊中，学习地图顾问要向业务专家介绍知识和技能的概念，并通过举例子的方式让业务专家理解知识和技能分别是什么；通过现场测试的方式，判断业务专家对这两个概念的理解是否一致。通过讲解、示例、测试三个步骤，学习地图顾问保证业务专家快速理解本环节的概念原理。

2. 知识和技能的归纳整理

在前文的典型任务分析章节，业务专家基于任务的场景和挑战，推导出胜任典型任务所需的知识和技能主题。学习地图顾问需要将典型任务分析中的知识和技能主题整理出来，合并同类项。在同义不同词的情况下，可适当进行整合或备注。本环节常用的整合方法是卡片法，即把典型任务分析中出现的知识和技能主题写到卡纸上（一卡一意）并张贴在研讨墙上。因为知识和技能清单数量可能较多，所以在张贴的过程中学习地图顾问需要对知识和技能进行初步分类，便于业务专家更好地理解整个知识和技能清单的逻辑关系，更容易发现逻辑上的漏洞和表达上的欠缺。那些出现频率高的知识和技能，很可能就是岗位所需的关键知识和技能，同时是未来培训考核的重点。

以技能清单为例。某企业家装设计师岗典型任务分析后归纳整理出的技能清单有3类、12项，如表5.1所示。

表5.1 家装设计师的技能清单

操作技能	智力技能	人际技能
绘图软件使用	房屋结构改造可行性判断	客户与施工方沟通协作
现场作业系统操作	临场方案搭建	项目组运营
测量工具使用	软装与硬装搭配	谈判技能
手绘图纸	标准化橱柜设计	连带营销

3. 知识和技能清单的优化

学习地图顾问引导业务专家分组讨论，讨论的主题是对现有知识和技能清单的优化。一是做减法，去除不需要的知识和技能（去伪、去重）。二是做乘法，对现有知识和技能进行合并，或者对表述进行更新（更统一的颗粒度、更精准的表述）。三是做加法，补充遗漏的知识和技能。四是做除法，有些知识和技能很重要，并且在各成长阶段需要掌握的程度差异较大，则可以对知识和技能进行拆分。例如，产品知识可以拆分为基础产品、复杂业务、跨领域产品设计逻辑等不同知识主题。五是做类别命名，在上述基础上，调整优化甚至重构知识和技能的类别，并对类别进行命名。

前文提到的知识和技能的分类是从概念的角度出发的，属于学科分类，便于我们更深刻地认识和区分这些概念，让推导和分析过程更科学、更完整。而当具体岗位的知识和技能分类时，分类的命名则可以更加体现岗位特色，便于员工记忆和理解。以知识清单为例，某企业家装设计师岗知识清单包括16项知识，如果按学科分类，则可分为事实性知识、概念性知识、程序性知识、元认知知识等，但不能体现出岗位和所需知识的特色。经过业务专家讨论，其知识清单分为设计基础、建筑常识、装修技术、项目管理四类，知识清单更加以业务为导向，更有利于员工的理解，如表5.2所示。

表 5.2 优化后的知识清单

设计基础	建筑常识	装修技术	项目管理
人体工程学应用 施工工艺工法 空间规划原理 色彩搭配美学 房屋灯光设计	房屋结构基础知识 常见户型装修方式 老房常见户型储备	家居常用尺寸及动线 装修材质与材料 装修风格与特点 标准化橱柜模块 家装设备及电器 家装环保知识	收费标准 技术交底流程

5.1.3 知识词典与技能词典设计

知识和技能清单确定了知识和技能的类别、名称，简洁且直观，但如果不对知识和技能清单的具体内容加以定义描述，能力画像就会比较模糊，未来基于能力画像的学习设计也将没有针对性，没有科学的推导依据。同时，词典的内容也不是越细越好，因为在学习地图成果落地时会涉及多种学习资源的开发，会更深入地分析每门课的学习内容、每次辅导的内容等。因此本阶段，关于知识词典、技能词典的内容我们分析到三级框架即可，即"知识类别—知识清单—知识定义"和"技能类别—技能清单—技能定义"。

1. 知识词典设计

知识词典的价值是澄清该项知识的主要范围和内容。在描述时有两个要素，一是这项知识的内容分类；二是每个类别的具体内容有哪些。例如，某乳业公司渠道经理岗知识清单中有一项知识是制度流程，其定义描述首先考虑的是，作为渠道经理应该掌握的主要制度流程有哪些。渠道经理在展业中需要帮扶渠道进行经营管理，其制度流程主要涉及业务发展类制度流程、财务管控类

制度流程、综合行政类制度流程。渠道经理知识清单中的制度流程这项知识定义描述如表5.3所示。

表5.3 知识词典

序号	知识名称	知识范围及内容描述
1	制度流程	①业务类制度流程，如订单管理、终端活动量管理、窜货管理、经销商管理等制度及相关流程、工具和表单。 ②财务类费用申请、费用结案的工作流程及标准。 ③综合行政类，如考勤、绩效、激励制度、行文标准、对外商务规则等制度要点
2	……	……

2. 技能词典设计

技能词典的价值是澄清该项技能的主要行为和程度。在描述技能定义时有两个要素，一是这项技能的关键行为有哪些；二是每个关键行为的工作范围和要求有哪些。

某汽车研发工程师岗有项技能是办公系统操作。作为研发工程师，其办公系统操作的关键行为与一般岗位有较大差异，如果不做技能定义，将无法区分岗位之间的能力差异。其定义描述首先考虑的是，作为汽车研发工程师需要用到的办公系统有哪些。结合任务分析，其关键行为包括OA系统处理、采购管理系统处理、QMS（质量管理系统）处理、DMS（数据管理系统）处理等。其次考虑的是，作为研发工程师对每个系统应用的范围和要求是不一样的。所以结合起来，办公系统操作技能的定义描述如表5.4所示。

表5.4 技能词典

序号	技能名称	技能应用场景及行为描述
1	办公系统操作	①能利用 OA 系统处理日常工作交流、呈批、报销。 ②能利用采购管理系统处理样件采购及库存查询。 ③能利用 QMS 处理和跟进产品质量问题。 ④能利用 DMS 发放归档研发文件，做好知识沉淀。
2	……	……

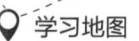

5.2　素质词典

美国心理学家麦克利兰于1973年提出了冰山模型,他将个体素质的不同表现划分为冰山以上的部分和冰山以下的部分。冰山以上的部分指的是知识和技能,容易了解和测量;冰山以下的部分指的是特质、动机、态度和价值观等,不太容易受外在影响,却对一个人的行为起着至关重要的作用。在组织中,卓越员工与普通员工的区别通常在于冰山以下的部分。

能力画像的第三个要素是素质,知识和技能决定会不会的问题,而素质决定能不能做好的问题。从学习发展的角度,学习地图设计的重点在于知识和技能的获取,从而更好、更快地胜任工作任务、提高绩效。素质则相对稳定,难以培养,但通过多频次训练、挑战性任务等也是可以改变的。素质作为能力画像的一部分,如果不加以分析和展示,在照镜子这个功能上就会有所缺失。所以,部分企业在学习地图的能力画像绘制阶段,除分析知识和技能外,还关注冰山以下的部分,即卓越员工应具备的核心素质。

学习地图的素质词典设计需要根据企业的素质词典现状进行流程的设计。有三种常见的情形,一是企业针对各序列已经有了标准的素质词典,不同层级的定义说明也是清晰的,这种情况拿来与知识词典、技能词典进行匹配即可形成完整的能力画像。二是企业没有该序列或岗位的素质词典,但有了全员的素质词库及标准的词条定义,素质词条数量较多,包含了该企业主要序列的素质要求。所以在开展素质建模时,只需组织业务专家从企业的素质词库中挑选即可。三是企业在素质词典方面没有任何积累,需要根据岗位典型任务分析来构建素质词典。

5.2.1　素质清单梳理

我们以第三种情形为例来说明素质清单的梳理过程,包括如何推导素质清单，如何在素质清单中聚焦关键，确认核心素质。

1. 素质提取的三种来源

素质提取有三种来源，即管理者访谈、岗位标杆访谈和典型任务分析，这三种来源互相验证、补充，从而形成完整的素质清单。

通过管理者访谈推导：管理者访谈的目的、重点和方法我们在第二章专门介绍过，管理者对目标岗位有更高的站位认知，在管理者访谈中也有"优秀员工画像"的直接提问，管理者给出的结论是素质清单的重要来源。

通过岗位标杆访谈推导：针对岗位标杆的行为事件访谈法（Behavioral Event Interview，BEI），是一种开放式的行为回顾式探索技术。BEI本身就是在研究胜任模型的过程中提出来的，所以BEI描述的成功故事及其背后的总结分析就是素质清单的第二个重要来源。

通过典型任务分析推导：以上两个来源是在学习地图工作坊召开前的调研阶段获取的，学习地图工作坊的典型任务分析也包含所需的素质。在学习地图工作坊现场，学习地图顾问通过输入素质的概念，素质与知识和技能的关系，引导业务专家通过典型任务分析推导素质清单。

2. 聚焦最相关的核心素质

学习地图顾问对三种来源的素质按照合并同类项的方式进行整合，形成初步的素质清单，针对疑问部分，邀请素质词条的提出者进行解释澄清。最后，邀请业务专家对素质清单进行整合和补充，形成素质清单的完整候选项。

经过以上步骤得出的素质清单，往往素质的数量较多。学习地图能力画像中的素质数量最常见的是5~7项。学习地图顾问通过投票法、辩论法引导业务专家共同选择5~7项核心素质，并基于投票结果探寻是否有需要替换、补充、调减的情况，快速达成共识，形成最终的素质清单。从素质到核心素质的聚焦过程中，选择的依据不是素质主题本身的重要性，而是针对目标岗位来说，这一素质是否优秀，是否区别于合格的特质，同时体现岗位特性。

5.2.2 素质词典设计

有了素质清单，还需要对各项素质进行定义和分层行为描述，即产出素质词典，为员工照镜子提供参照标准。

1. 素质的定义

素质不仅用于培训，也用于选拔、招聘、晋升等领域。素质的定义就是为这些领域的应用提供尽量统一的标准，更清晰地界定岗位胜任标准。

（1）素质的通用定义。这是通过长期项目实践积累和理论研究而形成的，如不同行业中很多版本的"素质词典"。百年优学的学习地图素质词典，就是在数百个不同类型学习地图项目实践中总结出来的经验成果，包括专业素质、思维意识、人际智慧、态度品质、个人特质与领导艺术6类、38项，形成了一个相对完整的房型结构，如图5.2所示。

图5.2 百年优学的学习地图素质词典框架

（2）素质的场景化定义。即结合岗位工作场景和特点，对素质进行具象、针对性的描述，以使素质词典的使用者更容易理解各项素质的要求和内涵。例如，某快消品企业渠道经理岗学习地图，有项素质是"说服影响"。学习地图素质词典对"说服影响"的定义描述是："运用直接影响手段或间接策略来影响他人，使其接受自己的观点或使其产生预想行为的能力。"这样的定义描述已足够简单清晰，但还没有体现出该快消品企业渠道经理的工作特性。经过加工完善和场景化，业务专家将这一素质重构为："对渠道商、关键客户及合作机构的关键人有深入了解，在谈判中或重大决策时通过运用数据、事实等直接手段，或人际关系、个人魅力等间接策略来向对方施加影响，从而获得项目各环节有力支持的能力。"显然，这样的定义让能力画像更加饱满和精准，具备岗位属性，也提高了能力画像的应用价值。

2. 素质的分层行为描述

场景化定义指出了同样的素质在不同岗位的差异，说明了岗位需要什么样的人。针对同一个序列/岗位，要区分素质的不同程度要求和表现的差异，就需要在素质定义的基础上对素质进行分层行为描述。同样，针对"业务理解"这项素质，培训管理岗的初级培训助理、中级培训项目经理、高级培训顾问等角色对业务标准的理解肯定是不同的。所以，素质的分层行为描述即"素质词典"的设计就非常必要，需要根据企业要求对素质进行分层行为描述。

例如，在绘制金融客户经理岗能力画像时，有一项核心素质是"客户导向"。这项素质如何理解？如何划分层级？百年优学学习地图素质词典给出的"素质"定义是："能够关注内外部客户不断变化的需求，整合资源、竭尽全力帮助和服务客户，持续为客户创造价值。"这个定义的关键词就是关注需求、服务客户、创造价值。在此基础上，业务专家对"客户导向"的行为分层及描述如表5.5所示。

表 5.5　素质词典

序号	素质名称	分层行为描述
1	客户导向	一级：个性化服务 　耐心倾听客户的咨询、要求和抱怨，及时回应客户要求，当常规产品不能满足客户需要时，为客户提供个性化的产品和服务。 二级：挖掘潜在需求 　主动与客户联系，把客户需求看成自己的工作，关注和了解客户的潜在需求，致力于开发符合客户需求的产品和服务。 三级：重视长远利益 　担任客户的综合金融顾问角色，为客户寻找长期利益，能够采取具体的措施为客户持续提供增值服务
2	……	……

　　从人才培养的角度来看，知识的获取、技能的训练更加直接有效，素质的培养难度更大，需要多频次、多手段的结合。素质的培养经常作为知识和技能训练的结果。所以，素质虽然是能力画像的一部分，但在敏捷版学习地图项目中经常也会省略素质词典设计这个环节。

5.3　成长阶段划分

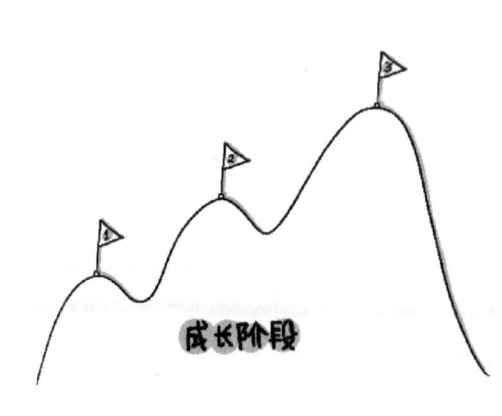

　　成长阶段划分是学习顺序设计的依据，将能力要求、学习内容、学习方式加入时间的维度，完成各要素从点、线到面的构建。成长阶段划分要依据任职资格标准已有的分级标准进行整合，当现有任职资格标准不完整、没有界定岗位的成长阶段时，需要业务专家在任务分析的基础上对成长阶段进行重新划分及定义。

5.3.1 基于任职资格的成长阶段划分

任职资格描述的是我们需要什么样的人，学习地图回答的是如何成为这样的人。在任职资格的成长阶段定义部分，通常要回答三个问题：一是基于岗位的特性，该岗位的成长划分为几个层级？二是，每个层级的角色定位是什么？三是，每个层级的关键行为及与其他层级的差异在哪里？如果这三个问题的答案是明确的、清晰的，则直接将任职资格的成长阶段划分沿用或组合为学习地图的成长阶段。

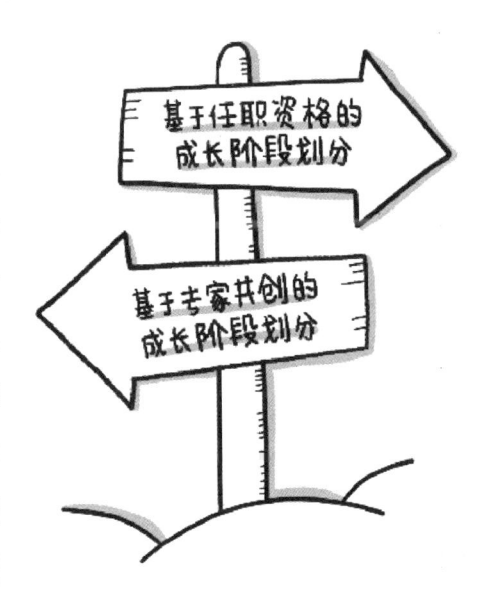

常见的任职资格成长阶段划分为3~5个层级。例如，某银行对公业务客户经理岗在成长阶段上分为助理客户经理、客户经理、高级客户经理、资深客户经理、专家级客户经理5个层级。同时，为了明确各层级的基础边界，便于理解，在任职资格中还对各层级进行了角色定位。各层级的角色定位分别为：初级为协助及执行者；中级为独立胜任工作者；高级为核心业务能手；资深级为复杂问题解决高手；专家级为跨领业务专家。

基于公司现有任职资格体系，一是判断该岗位的发展纵深是否每个层级都有所覆盖，即确定该岗位层级的起点和终点，如A岗位的层级宽度为初级到高级，B岗位的层级宽度为中级到资深。二是基于公司任职资格体系通用的层级定义描述，结合任务图谱，对具体岗位的成长阶段定义进行优化。成长阶段定义描述如表5.6所示。

表 5.6　成长阶段定义描述

序号	公司通用——层级定义描述	供应链管理序列物流管理岗——层级定义描述
初级	①专业初级，通常需要相关工作经验。 ②掌握岗位要求的相关技能，主要从事专业性岗位的日常性和基础性工作。 ③工作任务明确和规范，需要一定的监督和指导	①岗位入门级人员，了解基础的物流管理相关专业知识。 ②能严格按照标准作业程序独立完成物流业务计划收集与发布等常规性工作。 ③能在他人指导下完成运输方案发布、承运商日常管理等专项事务
中级	……	……
高级	……	……

5.3.2　基于专家共创的划分成长阶段

如果岗位现有任职资格标准不完整，没有清晰的成长阶段界定，则需要业务专家在任务分析的基础上对岗位的成长阶段进行划分与定义。通常以三个成长阶段为最常见，如新任期、成长期、成熟期（区别于任职资格视角的初、中、高各层级的表述）。在此基础上，需要学习地图顾问把握和关注三个问题。

1. 成长周期是如何设定的

方法一，根据一个岗位全生命周期涵盖的职级数，将岗位职级与岗位三个成长阶段进行匹配。成长阶段划分的是未来的学习周期，类似于学校里的年级设定，与学习目标和内容息息相关。岗位职级是人力资源领域的概念，和薪酬、绩效、晋升等各模块关联。成长阶段可以从现有职级中推导出来，将岗位的多个职级进行合并，与成长阶段进行匹配。例如，某岗位属于公司的专业通道，其职级从P1到P7共7个，为了既保证学习计划的针对性又要有学习的区分度，可以将7个职级按照3个成长阶段进行匹配，如新任期为P1~P2，成长期为P3~P4，成熟期是P5及以上。

方法二，有些公司在现有人力资源管理体系下，岗位职级与岗位所需能力不挂钩，即成长阶段与岗位职级无法匹配，或者匹配起来达不到满足学习顺序、学习规划的目的。所以，可以从仟职时间的维度来区分成长阶段。例如，一位新晋店长到完全胜任店长4类角色，独立完成店长4类职责21项任务，理想情况下需要2年的成长时间（现阶段因为培训手段和内容的欠缺，一是店长岗成长速度参差不齐，二是平均成长时间大大超过2年）。在此基础上，可把店长的成长周期设定为2年：新任期是0~6个月，成长期是6~12个月，成熟期是1~2年。即在6个月内通过培训让新店长适应角色转型，熟悉店长的任务职责，高效执行店面管理各项要求，完成履职。12个月内通过培训让店长成为独当一面，胜任人、货、场、销、团队的全方位管理的管理者。2年内通过培训让店长从一个管理者向经营者转型，结合本地区域特点，开展业务创新，提高店面效益，为客户创造持续价值。

以时间维度来划分成长阶段，为了提高精准度，可以在工作坊结束后进行验证，用岗位胜任标准来测算现有员工的成长速度，并与设定的成长阶段的时间进行对比。设定的成长阶段时间周期比现在的实际成长时间要短，并且可以根据项目发起人的目标来设定成长阶段的周期。而这也正是通过系统化学习设计带来的学习效率提高、缩短成长周期的价值所在。

2. 成长阶段是如何定义的

在划分成长阶段后，需要对每个成长阶段进行定义描述，重点在两个方面，即所需的能力和核心任务。能力强调的是本阶段需要掌握的知识和技能的范围和程度，核心任务强调的是本阶段应承担的职能范围和程度以及带来的价值，而各成长阶段要通过这个描述进行区分。例如，某公司产品经理岗新任期、成长期、成熟期是如何进行划分和定义的，如表5.7所示。

表 5.7 岗位成长阶段的划分与定义

成长阶段	成长阶段定义	对应职级	学习周期
新任期	协助及执行者：在指导下完成模块功能迭代、信息收集和产品调研；独立完成需求上线推进，并确保交付质量；按要求进行项目跟进，风险上报	P1~P2	1年以内

续表

成长阶段	成长阶段定义	对应职级	学习周期
成长期	独立胜任工作者：独立完成多模块功能迭代、信息收集和产品调研；通过上线后的效果分析产出后续规划；独立完成产品运营落地培训	P3~P4	1~2年
成熟期	核心业务能手：能够进行多需求的投资收益率和优先级判断，主导完成项目规划及落地；独立负责一个子方向或多个项目，多维度、多目标的多边利益分配及平衡；带领团队（小组或项目组）取得预期结果，能够影响业务规则和流程的制定、执行	P5~P7	2~4年

备注：根据成长阶段界定的两种方法，表中"对应职级"与"学习周期"二选一即可

3. 如何让共创更科学准确

在成长阶段确定后，要发挥小组之间交叉验证的作用，让每组独立思考，通过小组PK的方式充分呈现出岗位成长的特点和现状。要保证对每个成长阶段的定义至少由两个小组同时负责，通过小组之间的相互验证、相互补充，确保成长阶段定义的相对准确与完整。

当项目小组对成长阶段的划分和定义分歧较大时，可使用成功故事、延迟判断、现场辩论、需求与给予等方法，引导业务专家充分表达观点。在信息分析的基础上，学习地图顾问在工作坊结束后根据项目发起人及项目组的意见，或者进行补充调研验证，完善岗位成长阶段的划分和定义。

5.4 能力画像矩阵绘制

5.4.1 能力画像矩阵绘制逻辑

在完成知识、技能、素质、成长阶段四个要素的梳理与定义后，成长阶段与知识、技能、素质的矩阵组合即可形成能力画像矩阵。将知识、技能、素质的代码填入矩阵，如表5.8所示，其中，K1~K8代表不同的知识主题；S1~S8代表不同的技能主题；a、b、c、d、e、f代表不同的素质词条，数字

1、2、3代表该素质的行为及程度描述。将各素质在不同成长阶段需要达到的行为要求和程度对应起来，就形成了素质在能力画像中的描述。

表 5.8 能力画像矩阵模板

能力维度	新任期	成长期	成熟期
知识（K）	K1、K2、K3、K4、K5、K6	K1、K3、K4、K5、K6、K7	K4、K5、K6、K7、K8
技能（S）	S1、S2、S3、S4、S5、S6	S2、S3、S4、S5、S6	S3、S5、S6、S7、S8
素质（A）	a1、b1、c1、d1、e1、f1	a2、b2、c2、d2、e2、f2	a3、b3、c3、d3、e3、f3

能力画像矩阵定义了不同成长阶段需要的知识、技能和素质的名录，结合知识词典、技能词典和素质词典对各细项的具体描述，就形成了完整的能力画像。

5.4.2　能力画像矩阵绘制示例

结合能力画像矩阵，我们通过示例来说明能力画像的绘制标准。以某金融机构对公业务"客户经理"岗为例，该岗位知识词典、技能词典、素质词典分别包括六项知识、六项技能、六项素质，岗位划分为新任期、成长期、成熟期三个成长阶段。我们各举其中一项知识、技能、素质来呈现如何生成能力画像（见表5.9）。

知识示例：客户经理的知识清单中有一项信用评级管理，这项知识在知识词典里有五条释义，在新任期、成长期、成熟期需要掌握的具体知识内容也是有差异的，所以通过能力画像矩阵清晰界定了不同成长阶段的知识标准。

技能示例：客户经理的技能清单中有一项财务报表分析，即客户经理综合运用财务知识来分析企业实际经营现状及金融服务需求的能力。这项技能在技能词典里有六条释义，在新任期、成长期、成熟期需要掌握的具体技能内容也是有差异的，所以通过能力画像矩阵清晰界定了不同成长阶段的技能标准。

素质示例：客户经理的素质清单中有一项素质叫客户导向，即客户经理要根据客户需求提供差异化综合金融服务，并在服务客户过程中增加客户黏性，提高客户价值，实现双赢。这项素质在素质词典里有三个层级的行为描述，在新任期、成长期、成熟期对该项素质的行为标准要求也是有差异的，所以通过能力画像矩阵清晰界定了不同成长阶段的素质标准。

表5.9　能力画像矩阵

能力维度	新任期	成长期	成熟期
知识（K2）——信用评级管理	①风险计量基本原理知识 ②信用评级基本原理、操作标准与流程	③信用评级常见模型 ④信用评级考核要点及模型不适用范围	⑤信用评级监控框架与反馈跟踪体系
技能（S4）——财务报表分析	①能读懂三大财务报表，简单分析指标的合理性 ②根据关键核心指标的含义及计算方法，进行指标核算	③能计算及分析资产负债率、应收/应付账款、净利润等关键指标 ④基于报表分析出客户的金融服务需求点	⑤结合行业特征分析财务指标之间的勾稽关系 ⑥对企业的偿债能力、运营能力、盈利能力等进行分析判断
素质（A3）——客户导向	主动服务：愿意投入精力了解客户需求，主动寻找或建立通道来获取客户的信息与反馈，并及时跟进、响应，获得客户满意	需求导向：为客户提供专业的产品与服务方案，帮助客户清楚业务诉求，或激发客户潜在金融服务需求，提高客户黏性	价值共赢：致力于与客户长久的合作关系建立，通过产品和服务的改进，帮助客户落地战略、改善经营，实现客户价值提高，实现共赢

第6章 学习方案设计

学习地图

任务图谱回答了岗位"干什么""怎么干"的问题，能力画像回答了岗位"要什么""缺什么"的问题，学习方案则要回答"学什么""怎么学"的问题。

随着技术手段的升级和学习实践的探索，学习方式越来越多元化。在企业人才培养中，常用的学习方式有自学阅读、读书会、社群学习、在线学习、面授培训、在岗辅导、担任导师、担任内训师、跨界学习、业务竞赛、共创工作坊、行动学习、轮岗锻炼等数十种。在学习地图项目中，如何实现学习方式与学习内容的匹配？如何通过多元化学习方式实现学习效能的提高？

6.1　四种基础学习方式

在企业培训场景下的众多学习方式中，有四种基础是最常用的，它们也是构成其他学习方式的基础。这四种学习方式包括自学阅读、在线学习、面授培训和在岗辅导。其他学习方式如读书会、社群学习、打卡分享会等本质上也是自学阅读，只是在具体操作形式上更加多元化；各类引导共创工作坊的技术本质上是引导业务专家解决问题，但在实施形式上可以归属在线学习或面授培训；行动学习则是融合自学阅读、在线学习、面授培训、在岗辅导等多种学习方式的综合性的学习方式。

从学习内容复杂度的角度来看，这四种学习方式的选择有两项原则，即优先级排序原则与多元组合论原则。优先级排序原则，是指前一种学习方式能搞定的学习任务就不需要运用更复杂的学习方式，从而实现减负增效。这四种学习方式的优先级排序为自学阅读、在线学习、面授培训、在岗辅导。多元组合论原则，是指对这四种学习方式进行组合和创新，发挥各自优势，提高学习方案的整体效能。在学习地图阶段，我们基于这四种学习方式为来搭建综合学习方案的框架，从而有一个统一的标尺，同时，在未来学习地图成果落地的过程中，又能对这四种学习方式和对应的内容进行个性化的延展设计和生动化的呈现。

6.1.1 自学阅读

员工是学习的主体和第一责任人，而自学阅读是最基础、最常用、最便捷的学习方式。员工通过阅读书籍、业务资料、产品手册、公司规章制度等，掌握知识，并将学习到的知识应用于工作中，从而达成学习目标。

自学阅读的优势在于，一是成本低，组织只需提供或指定相关学习资料、考核提纲、考试题库等，员工便可以根据工作需要有目的地开展自学活动；二是便捷高效，基于组织和业务要求，员工可以自主安排学习主题、学习时间、学习频次等，在快速变化的环境中实现即用即学。

自学阅读的挑战在于，学习转化率较低，只适合复杂度较低的学习内容，且学习过程难以监控，学习效果受个人的学习悟性、主动性等因素影响较大，经常需要和其他学习方式结合使用。

6.1.2 在线学习

在线学习，是指通过信息科技和移动互联网等媒介进行学习内容的快速、大面积传播的学习方式，又称数字化学习、网络化学习等。随着移动互联网技术的发展和智能终端设备的普及，人们的工作方式、生活方式、学习方式都产生了很大的变化。很多企业都搭建了自己内部的网络学习平台，如视频会议、直播学习、在线学习推送、在线工作坊、在线调研、在线考试等已成为企业学习交流的主要手段，从而让在线学习的学习体验、交互性、辅导反馈及时性、项目化运作以及与线下学习的融合等方面都有了长足的进步。

学习地图

在线学习的优势在于，一是便捷性，员工可以随时随地通过PC端、手机端学习课程内容，通过在线留言提问、答题测试，使移动课堂成为可能。相对自学阅读，在线学习的内容经过结构化的设计和加工，在便捷性基础上，提高了内容的针对性和呈现方式的多元化。同时，随着人工智能技术的发展及其在学习领域的应用，更加智能化的模拟学习体验、及时学习反馈、精准学习管理开始大大改善传统在线学习针对性不足的弊端。

二是高效能，面对培训对象数量大、分布广、时间紧等情形，在线学习的覆盖率、推广速度是其他学习方式无法比拟的，在线学习可以较好地满足企业与员工的双重需求。企业不必组织大批员工到培训现场，员工也不用放下手头工作脱岗学习，而可以自主安排学习地点和时间。例如，某银行的"网点转型与对公效能提高"经验萃取项目，涉及38个分行、152个网点、456位业务专家，通过"线上赋能萃取技术+小组工作实践+线上小组课题辅导+案例成果评优+优秀成果上线推广"的线上项目运作模式，在一个月的周期内完成了304个一线网点对公效能提高的案例萃取，辅导评优出30个经典案例和打法套路并在全行推广。没有线上学习、线上运营的设计，这个项目的周期和成本都将成倍增加。

在线学习在实际运用时也遇到了诸多挑战，挑战一是，对学习内容的设计要求更高，需要根据受众和在线学习特点进行重构，仅仅是把线下课程照搬到线上是难以达成学习目标的。一个重要的学习点在线下通过"讲解—演示—练习—反馈"这个教学循环就能获得不错的教学效果，只需30分钟的教学闭环、培训师的PPT课件内容2~3页即可，甚至可以在教学时脱离PPT课件。如果将这样一个知识点搬到线上，让学员听得明白、理解要点、学会应用，就要在线上课程内容讲解的精细度、讲授方式的多元化上下足功夫，需要符合线上学习特点的学习设计，例如，要用到图片、示例、问答、连线、小测试等多种线上教学方式。

挑战二是，不同类型在线学习形式对课件制作提出了更高的技术要求，同时，学习平台功能的开发完善、在线项目的线上运营推广、训后的实践计划跟踪等方面都需要相应的资源支持才能达成同面授培训相近的效果。

6.1.3　面授培训

从培训管理的角度来看，面授培训是这四种学习方式中最直接、最常见的一种方式，其带来的人工成本、资金成本、时间成本也是最大的，因此其更适合难度大、重要性高的学习主题，常常聚焦人才培养中的"难关痛"，即最复杂、最关键、最需要改变的部分。所以，需要培训管理者在面授培训的设计、交付、转化和评估中付出较多的精力，这也是培训管理者对战略落地和业务发展有高价值贡献的部分。

现阶段，面授培训的具体操作形式也在不断升级迭代，以提高面授培训的效能，增强学员体验感。例如，例会培训、经验分享会、上机实操培训、现场参观交流、问题研讨会、复盘会、设计思维工作坊、跨界学习、行动学习等学习方式，在学习地图设计阶段统称面授培训。在未来学习地图成果落地时，我们将根据具体学习对象、项目时间、项目资源等再进行个性化学习方式设计，以形成一个个特色鲜明的学习项目。

6.1.4　在岗辅导

在岗辅导的前身是传统的师徒制，最早可以追溯到春秋时期孔子对其学生的教育和指导，后成为手工艺人教授徒弟的培养方式，之后又延伸到更多的行业和领域。20世纪80年代，学者Kram（克拉姆）对在岗辅导的功能、机制进行了探索性研究，并正式提出了在岗辅导的概念。自此，西方企业开始重视在岗辅导

学习地图

在员工培养中的作用，并付诸企业实践，收到了良好的效果，逐渐形成了一套完整的体系。最近20年，在岗辅导被国内很多企业引进、学习、应用和创新，成为企业培养员工的一种重要方法。

在岗辅导是通过完成具体的工作内容来提高员工胜任工作的能力，因此它比脱岗培训更加贴近实际，更容易锻炼员工的思维体系。

在岗辅导的优势在于，一是投资回报高，一方面，导师的帮助和指导促进了学员工作技能的提高和职业成长等。在岗辅导是在干中学、学中干，学习的过程就是检验学习效果的过程，针对性强，更能以学员为中心，因材施教。另一方面，教学的过程也是导师和学员之间教学相长的过程，导师也能向学员学习并锻炼自身的管理能力，从而提高导师和学员双方的能力和敬业度。

二是有利于企业文化和价值观的渗透。因为在岗辅导发生在工作场景中，可以无处不在、随时发生，所以在这个过程中，导师的言行会直接或间接地向员工传递企业文化和价值观，会较高频次地影响员工的行为，促进员工对企业文化和价值观的认同，以利于员工与企业的迅速融合。

三是当在岗辅导和其他三种基础学习方式相结合后，将大大提高培训效能，可持续性强。面授培训常见的是短则几小时，长则几天的训练营，而在岗辅导是贯穿整个学习成长周期。例如，新员工入职90天，其辅导任务是贯穿在90天内的，可以多次重复训练，提高工作熟练度和工作质量。

在岗辅导在实际运用时也遇到了诸多挑战，一是辅导计划和辅导内容往往依据导师的个人经验和偏好，缺乏标准化，容易出现"十个师傅教出十种徒弟"的情况；二是导师的辅导方法没有经过训练，简单随意甚至粗暴，较少关注学员的情绪感受，辅导效果难以达到理想目标；三是难以调动导师的积极性，在岗辅导还没有成为管理者、业务骨干的工作职责，更多是一种临时或附加的工作任务。

这些优势和挑战都需要学习地图顾问在开发学习方案时着重考量，让在岗辅导发挥出更大的实用价值。

6.2 开发自学阅读指南

自学阅读是最基础、最常用、最便捷的学习方式，通过自学阅读能够搞定的学习任务往往不再需要开发在线课程，更不用组织专门的面授培训。自学阅读适合学习难度较低的学习内容，主要用于知识原理类学习内容，如法律法规、企业规章制度、产品知识、产品话术、操作规范等，完成岗位应知应会层面的补充，支撑员工完成工作任务。

开发自学阅读指南有三个要素，一是自学阅读清单的梳理；二是自学阅读内容的分析；三是自学阅读顺序的安排，即自学阅读主题与成长阶段的匹配。

6.2.1 自学阅读清单的梳理

自学阅读清单的梳理主要通过知识词典推导而出，即逐条分析知识词典中对应的可以通过自学阅读来获取的学习内容，并匹配已有或应有的自学阅读材料。

常见的自学阅读清单有两类，一是组织内部的制度流程规范、产品业务手册、标准作业程序、报告文档、实践案例集等。二是组织外部的经典书籍、专业资讯网站、专业杂志、App或公众号等。通过内外结合，再整合归类后，就形成了完整的自学阅读清单。

例如，在某电力公司检修序列有个岗位是"辅助设备检修岗"，基于能力画像中的8项知识，其推导出的自学阅读清单共有15个，包括安全规范类、系统设备类、作业标准类3类。其中，系统设备类自学阅读材料包括《暖通系统操作规范》（2023版）、《给排水系统操作规范》（2022版）、《阀冷却系统操作规范》（2023版）、《调相机系统组成及工作原理教材》（2.0

版)、《高压直流输电工程技术》(中国电力出版社)。这些自学阅读材料包括内部操作标准手册、自学教材PDF文件、公开出版书籍3种形式。

6.2.2 自学阅读内容的分析

自学阅读内容的分析主要来源于知识词典,并具象化到具体的自学材料或自学渠道。

同样以辅助设备检修岗为例。其安全规范类自学阅读清单中有一项名叫《消防操作手册》的自学阅读材料,是中国电力出版社出版的规范化教材。这本教材的全部内容都需要辅助设备检修岗的员工学习吗?哪些内容是该岗位的学习重点?在自学阅读指南里就要对这些问题进行回答。继续前文案例。辅助设备检修岗的安全规范类自学材料《消防系统操作手册》的自学阅读指南如表6.1所示。

表6.1 自学阅读指南

类 别	材料名称	自学阅读内容提纲	学习阶段
安全规范类	《消防系统操作手册》	①消防系统概述、系统组成及功能 ②消防系统运行操作(火灾报警控制机操作、消防后台主机、消防泵操作、雨淋阀操作) ③消防系统维护(消防系统相关维护、柴油消防泵及雨淋阀的维护) ④消防系统故障及处理(水消防系统故障及处理、火灾探测报警系统故障及处理、常见系统故障及处理)	新任期
……	……	……	……

6.2.3 自学阅读顺序的安排

自学阅读清单和主要内容确定后,还需要将自学阅读清单与岗位成长阶段进行匹配,明确各自学阅读材料的学习与考核时间,为员工自学提供学习顺序的参考。例如,针对辅助设备检修岗,《消防系统操作手册》对应的成长阶段为新任期,《阀冷却系统》对应的成长阶段为成长期,《特高压状态分析作业标准》对应的成长阶段为成熟期。

6.2.4 自学阅读指南的应用

通常，自学阅读指南中自学阅读材料包括现有材料、待优化材料、待开发材料三类。其中，现有材料是指企业已有的自学阅读材料符合自学阅读指南设计的标准，可直接作为学习资源提供给学员；待优化材料和待开发材料则需要在后续学习资源开发中完成自学阅读材料的内容开发和上线。

从开发技术和开发流程角度看，自学阅读材料的整理和开发一般比内训课程开发、辅导带教手册开发更简单、易操作，通常由该主题的业务负责人组织业务专家将该部分自学阅读材料梳理出来，开发出配套的考试提纲和试题集，并提交组织审核确认。自学阅读材料开发完成后，在应用端可以结合其他学习方式，如举行读书会与心得交流分享会，结合面授课程进行训前或训后的自学阅读，开展笔试、知识竞赛等关注学习成果的跟踪等，以提高自学阅读效果的转化率。

6.3 开发课程体系（含在线学习和面授培训）

面对更加复杂的学习任务，如复杂的业务知识、易出错的操作技能、业务拓展、投诉处理、研发项目管理等，员工仅通过自学阅读这一方式难以掌握需要学习的知识、技能，从而达成学习目标，这时需要在学习方式上升级，即通过在线学习、面授培训这些学习方式来提高学习效果。

在线学习和面授培训，都需要对学习主题进行精细化设计，从课题来源、目标界定、结构设计、内容萃取到课件制作都要遵循教学设计的原则和标准。两者的差异在于，实施便捷性、培训覆盖面、内容复杂性、实施媒介不一样。因为两者的梳理逻辑、推导方式是一致的，所以我们在构建课程体系时，要统筹考量两者的课程体系。该课程体系要包含在线学习和面授培训两种方式，部分复杂主题的学习需要通过这两种方式的组合来实现，兼顾效

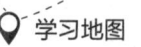

率与质量。

搭建课程体系（含在线学习和面授培训，下同）有三个核心步骤，一是课程清单梳理；二是课程清单分析；三是课程体系验证。

6.3.1 课程清单梳理

在线学习和面授培训的主题如何产生？如何确保课程清单完整且精准？在梳理课程清单时，可以通过三个来源和三个原则来解决这两个问题。

1. 课程清单梳理的三个来源

某房产销售公司要求一名新的置业顾问在到岗21天后独立开展客户接待与楼盘销售工作。在这21天的适岗学习期，他可以通过哪些课程主题的学习更好地服务客户、营销产品呢？

一是，熟悉服务营销工作必备的各类知识，如现场接待标准流程、签约流程、销售讲义、定价策略和价目表等。熟悉这些知识，是完成工作的前提。二是，具备做好服务营销工作的核心技能。通过学习线上线下获客技巧、房源推荐技巧、案前资料整理、价格与房贷测算等，做好技能储备。三是，能够胜任工作场景下的各类工作任务，如连带项目获客、现房带看、洽谈客户、客户逼定、稳单、办理售足签手续、签约办贷等。

这个案例中的三种课程分类代表了课程学习主题的三个来源，即通过任务清单推导任务场景课、通过知识词典推导知识原理课、通过技能词典推导技能训练课。

通过任务清单推导任务场景课

"学什么"的依据是"干什么"，是基于工作任务来推导学习课程的主题。这类课程称为任务场景课。任务场景课是学习主题的第一重要来源，遵循了业务驱动、任务导向的原则。

我们以银行信用卡客户经理岗为例。其关键工作任务包括陌生客户拜访、驻点营销、路演营销、大客户营销方案制定、投诉处理、市场活动推广等，因此在设计课程体系时就要优先推导基于工作任务的任务场景课。现阶段，课程主题直接沿用工作任务主题即可，直观、简洁，如"陌生客户拜访""路演营销""大客户营销方案制定""投诉处理"等。课程名称可以在未来课程开发时进行创意和加工，如"何以生销陌——陌生客户拜技巧""颠覆5秒——让路演营销更有价值""瓶颈突破——三步搞定你的大客户""化抱怨为机会——投诉处理技巧基础篇""投诉是金——投诉处理技巧进阶篇"等，这样更易突显课程特色、亮点，打动和吸引潜在学员，利于训后课程品牌的传播。

这类课程以任务场景为导向，以行为结果为目标，通常以面授培训的形式为主，且课程内容与企业、岗位的实际工作场景息息相关，所以通常需要组织内部业务专家来开发课程，使其成为企业内部自有版权课程。

通过知识词典推导知识原理课

在设计自学阅读清单时，其主要依据来源于知识词典。针对自学阅读未能完全覆盖或者难以奏效的复杂知识，需要在学习手段上进行强化，以推动知识的获取、应用和转化。

例如，在知识词典中，信贷审批政策、风险管理规范、保险产品、项目贷款、国际化业务等知识点，对银行客户经理来说很重要。通过这些知识点，银行客户经理不仅能够了解银行的条文规定，还能够理解这些知识点的内在逻辑，并能够将其应用到日常的营销、风控和业务中。这些知识点的内容较多、学习难度较大，员工在日常工作中的出错率较高。所以，在课程体系中需要设计培训课程继续强化这些知识点的理解和应用，在这些知识点的基础上需要对课程名称进行适当拆分和解读，以使名称直观明了地体现课程的核心主题，如"信贷审批政策解读""进件规范及易错点""业主贷产品办理流程解析""借贷关联业务办理指引""投诉管理规范及流程""项目贷款规范"等。这类课程以知识原理的解析、理解和应用为主，通常以在线学习的形式为主。当这个课程主题要结合知识点的应用场景时，也会以面授培训的形式出现。

通过技能词典推导技能训练课

一项工作任务的完成需要多种技能的支持，反之，一些重要技能会体现在不同的任务场景中。所以，针对那些需求频次多、重要性高的能力，纯粹的任务场景课不足以完成对能力的训练，需要针对这些技能开展专项培养。例如，在客户经理岗学习地图的课程清单推导分析中，其技能词典中有风险管控、服务营销等8项技能。部分技能在不同的任务场景中均有体现，如风险管控需要嵌入各项营销、服务工作任务中，服务营销能力在各类重点金融产品销售、综合化金融方案实施中均有体现。所以，结合技能词典，业务专家推导出"业务操作风险识别与防范案例研讨""重点客户关系维系与营销机会挖掘""产品营销八步法"等主题。这类课程以某项工作技能训练为主，通常为面授课程形式，根据课程主题的通用程度，选择由内部专家开发或外部直接采购成熟的品牌课程。

2. 课程清单梳理的三个原则

关键性原则

关键性原则，是指针对那些仅通过员工自学阅读无法达到培训目标的关键工作任务、关键知识技能，需要考虑如何匹配相应的课程学习资源来提高学习效能。某企业工厂运营管理部经理，其订单管理职责下有日常监控订单交付执行、订单服务

评价管理、异常订单处理三项工作任务。根据前期任务典型性分析，异常订单处理是一名基层业务经理在订单管理职责下最重要、最复杂的工作任务。日常监控订单交付执行、订单服务评价管理等任务主要是通过公司订单管理制度、订单交付标准作业程序等制度流程的自学与考核来统一工作要求的。异常订单处理这一任务则需要通过面授培训来学习异常订单的快速识别、原因归类与分析、解决方案制定、协调与跟进处理、考核与推广等，并在课程中加入案例分析、答疑交流等方式。这样的学习设计既有多种方式的组合，富有层次感，又遵循了关键性原则，抓住牛鼻子，好钢用在刀刃上。

先后顺序原则

岗位的能力要求是为工作任务服务的，工作任务是知识和技能分析的依据，同时也是学习主题分析的第一来源，所以在推导课程主题时需要遵循"先推导任务场景课，再推导知识原理课"的先后顺序原则。

完成任务场景课的推导后，知识原理课、技能训练课的推导则需要遵循"先推导技能训练课，再推导知识原理课"的先后顺序原则，因为同一个学习主题，技能训练课如果包含了相应的知识原理，则无须重复同样主题的知识原理课了。例如，推导出"产品营销八步法"这一技能训练课后，无须再有一门营销流程的知识原理课了，因为这门课程已经包含了营销的基本原理、流程和工具等内容，其教学目标也包含了相应的知识获取。如果先从知识词典来推导知识原理课，则会出现绝大部分知识都需要课程来匹配，然后到从技能词典来推导技能训练课时，就会有大量的课程内容重复交叉，边界不清。所以，如果遵循"任务场景课—技能训练课—知识原理课"的先后顺序原则来推导课程清单，则在主题内容上更科学完整，在结构逻辑上更清晰。

拆分与整合原则

因为某些重要任务、知识和技能的重要性高且涵盖的内容复杂，所以会推导出多门课程。例如，物流管理岗有项工作任务是"物流信息化建设与应用推广"，在推导课程时，根据任务场景分析的重要性、流程、胜任标准、所需知识技能工具等，推导出"信息维护与物流数据分析""系统突发事件应急响应策略""E物流功能规划与新功能测试验收"三门课程，这三门课程分别匹配物流管理岗的新任期、成长期、成熟期，与"物流信息化建设与应用推广"在岗位的不同成长阶段的关键行为要求相匹配。

同时，有些任务、知识、技能并不复杂，因此在学习层面通过将几个主题整合成一门课程更能提高学习效能，实现学习减负。例如，培训管理岗中的培训计划制订、培训预算制定、培训预算分解这几个任务可以合并形成一门课程"培训计划与预算管理"，便于学员完整地理解培训计划与预算、预算制定与执行的关系及要点。

6.3.2 课程清单分析

课程清单分析，是指对课程所对应的成长阶段、学习内容进行分析，对课程主题的学习方式、学习时长、课程类别、考核方式、课程来源等维度定义标签，并制定课程开发计划的过程，从而实现培训课程分层分类体系化的设计。课程体系核心要素如图6.1所示。

图6.1 课程体系核心要素

1. 匹配成长阶段

匹配成长阶段，是指根据课程学习内容，对照岗位成长阶段定义，将课程纳入不同的成长阶段。例如，某智能制造公司有个岗位叫"财务BP"[1]，该岗位有全面预算管理、财务合规管理、资金管理、财务数字化、业务财务支持五大职责。该岗位成长阶段分为初级（数据支持）、中级（业务支持）、高级（经营支持）三个阶段。初级财务BP的定位是"编制基础财务数据，执行纳税申报缴纳"；中级财务BP的定位是"经营数据分析，解决项目层级税务问题，完成审计全流程"；高级财务BP的定位是"制定财务目标及实现路径，解决城市子公司税务问题，对新业务进行利润测算和核算方案设计"。

通过对任务清单、知识词典、技能词典三个来源的推导，在业财融合职责方面，推导出在线学习/面授培训的课程有"财务报表通识""属地税务操作指南""合规管控1.0——职责方法篇""经营报告分析1.0——方法模板篇""合规管控2.0——各业务控制节点操作及评估篇""业财目标制定与拆解""城市关键指标看板建设""经营报告分析2.0——业务洞察篇"等八门课程。结合初、中、高级财务BP的角色定义，"财务报表通识""属地税务操作指南""合规管控1.0——职责方法篇"三门课程解决的是财务数据支持与分析的问题，对应初级财务BP的角色定位；"经营报告分析1.0——方法模板篇""合规管控2.0——各业务控制节点操作及评估篇"两门课程解决的是业务支持与分析的问题，对应中级财务BP的角色定位；"业财目标制定与拆解""城市关键指标看板建设""经营报告分析2.0——业务洞察篇"三门课程解决的是经营发展中的财务分析问题，对应高级财务BP的角色定位。经过分析，这八门课程就纳入财务BP的各成长阶段，并与各成长阶段的角色定位相匹配。

---

[1] 财务BP是财务业务伙伴（Business Partner）的意思。

2. 设计学习内容

设计学习内容，是指基于任务清单、知识词典、技能词典，描述各门课程的主要知识点，在课程体系阶段描述到课程内容的一级提纲即可。任务场景课的主要内容应与任务分析的内容相一致，知识原理课应与知识词典的内容相一致，技能训练课应与技能词典的内容相一致。然后在此基础上，结合教学设计的方法原理进行内容提炼、整合，即可提取课程的学习内容。

任务场景课学习内容设计示例

某房地产销售公司的置业顾问岗有5类职责15项典型任务。其中，在销售流程执行职责下，有个典型任务是洽谈客户，即置业顾问在完成项目介绍后向客户提供的服务营销行为。任务分析包括需求对接与挖掘、推荐房源、解决客户抗性、现场SP[1]逼定四个关键行为。从该任务推导而来的任务场景课"置业顾问客户洽谈实战"，其学习内容自然是教会置业顾问如何做好真实需求挖掘、如何根据客户推荐合适房源、如何解决不同类型的客户抗性、如何在现场结合促销活动促使客户做出明确购买的决定，这些学习内容的设计与任务分析的要求是一致的。

知识原理课学习内容设计示例

某银行公司客户经理岗的知识词典里有一项知识叫"公司信用评级管理知识"，其在客户经理的新任期、成长期、成熟期的知识点是不一样的。针对新任期客户经理，该知识点包括风险计量基本原理知识、公司客户信用评级基本原理和方法、公司客户信用评级操作标准与流程。新任期客户经理的知识原理课"公司信用评级管理基础知识"的学习内容与知识词典的内容是一致的，即学习内容包括风险计量基本原理、公司客户信用评级基本原理和方法、公司客户信用评级操作标准与流程等。该课的一级提纲在上述三项内容的基础上，适当加入课程导入、案例分享主题、常见问题教学答疑等环节

---

[1] 现场SP是现场促进销售（Sales Promotion）的意思。

即可。

3. 定义课程标签

匹配课程所在成长阶段和学习内容设计完成后，需要从不同维度对课程标签进行定义，从而更清晰地呈现课程的特点。

匹配学习方式：根据课程的难易程度、重要程度和培训目标，确定课程的交付形式是在线学习还是面授培训。

匹配学习时长：学习时长由学习内容、学习方式决定。在线学习的时长一般以0.5~1小时为宜，学习时长超过1小时的，需要拆分课程，以系列化在线学习形式呈现。面授培训需要根据培训内容、培训目标来测算时长，同时考虑师资来源、学员来源等特点。通常，内训师实施的面授培训时长在3小时以内，时长超过3小时的，可适当拆分课程。

匹配考核方式：考核方式是指对课程学习效果评估考核的设定。课程体系的考核方式主要包括口试笔试、现场演练、训后实践、综合考核认证四类。例如，某银行公司客户经理岗的新任期有一门重点产品知识课"并购贷款业务介绍"，其学习方式为在线学习，学习时长为1小时，考核方式为在线考试；成长期有一门核心技能训练课"公司授信业务全流程操作技巧"，其学习方式为面授培训，学习时长为3小时，考核方式为在线考试加现场演练；成熟期有一门任务场景课"高端客群需求挖掘与服务"，其学习方式为面授培训，由外部培训机构专业人员授课，学习时长为12小时，考核方式为案例作业提交，即在一个月内完成一个高端客群的综合金融服务方案设计并提交项目组评审。

匹配课程来源：按课程的成熟度划分，课程来源包括现有课程、内部优化、内部开发、外部采购四类。现有课程，是指课程已在企业内应用，课程质量（包括学习内容、教学设计、呈现形式等）符合课程库的入库标准，无须重新开发或优化，可以直接拿来使用。内部优化，是指企业虽然已有该课程，但其教学内容、教学设计还需要迭代优化才能满足培训需求。内部开发，是指企业现阶段还没有该课程，但企业内部有相对成熟的业务经验，需要通过萃取业务经验完成企业自主内部课程的开发。外部采购，是指该课程的主要方法来源于外部，在企业内部没有成熟的经验可以萃取，通过外部专业机构的定制化开发或直接从市场上选择成熟的学习内容，如管理类课程、前沿趋势、新兴技术、外部最佳实践等，从而快速补充知识和技能。

课程体系表如表6.2所示。

表6.2 课程体系表

成长阶段	课程主题	课程类别	主要学习内容	学习方式	学习时长	考核方式	课程来源
新任期（P1）	"厅堂触达陌客"	操作技能	①业务咨询流程的核心触点及应用 ②引导分流流程的核心触点及应用 ③人机协同流程的核心触点及应用 ④厅堂联动流程的核心触点及应用	面授培训	3小时	现场演练	内部优化
	"KYC[①]及应用"	知识原理	①理财营销为什么要做KYC ②客户KYC四步法及示例 ③四类需求的KYC地图	在线学习	1小时	口试笔试	内部开发
	……	……	……	……	……	……	……
成长期（P2~P3）	"深度挖掘客户需求"	业务技能	①显性需求满足与隐性需求挖掘 ②开展解决方案前的预设与准备 ③丰富重客的KYC及需求发现 ④用场景带入创造客户需求	面授培训	6小时	训后实践	外部采购
	……	……	……	……	……	……	……

① KYC是了解你的客户（Know Your Customer）的意思。

4. 制订开发计划

针对内部优化和内部开发的课程主题，通常在学习地图构建阶段就要对开发计划进行初步确认。在本阶段，制订开发计划有利于业务专家对开发任务的认同，便于后期学习资源开发工作的开展。

首先是开发时间安排。组织层面针对课程体系的开发要有整体规划，根据课程主题的紧急和重要程度对课程清单的开发计划进行归类。例如，某制造型企业的培训规划明确了"两年内完成公司6个关键序列35个岗位/群体的学习地图构建和配套学习资源开发"。其中，供应链管理序列的物流管理岗学习地图中有23门课程，需要内部开发9门，内部优化7门，则需要对这16门课程的开发和优化时间进行规划。

其次是开发团队安排。根据CMP三角色原则进行开发团队安排。其中，内容专家（Content Experts）指的是熟悉课题且参与课程开发的业务专家；方法专家（Methodology Experts）指的是课程开发导师，由外部顾问或企业内部的高级内训师来担任；项目经理（Project Manager）包括课程开发小组负责人（通常由参与课程开发的业务专家担任）和课程开发项目的管理者（通常由培训管理者担任）。

6.3.3 课程体系验证

1. 课程体系验证的内容

完成课程体系后，可以从课程总数、各成长阶段课程数量占比、课程类型占比、学习时长分配比例等维度进行统计，同时对课程体系中的主要学习内容进行验证，通过全面分析课程体系的内容与结构的合理性，确定是否需要对课程体系进行调整。

一个岗位总计有15门课程，分为3个成长阶段。要尽量避免课程安排过于集中，要根据各阶段的学习周期将课程分布在各个成长阶段。例如，在线学习和面授培训的数量占比，知识原理类、技能训练类、任务场景类课程的数量占比，都要与岗位工作特性、工作地点分布特点、企业培训能力现状有关。

某电力公司检修部运维岗的核心职责是开展设备操作、巡视维护、风险管理与隐患排查、配合事故调查工作。该岗位需要大量的安规、设备、巡视、操作、维修、现场等知识和技能。该岗位分布在全省各市、县的工作站。所以该岗位，一是课程数量比一般岗位多，3个阶段共计75门课程，

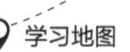

其中，初级（2年以内）27门课程，中级（2~5年）32门课程，高级（5年以上）16门课程；二是，岗位在线课程数量较多，共有45门，另有面授课程30门，其中，岗位上机的实操课有15门，占面授课程的1/2。

2. 课程体系验证的方法

对标调研访谈结论

在工作坊前期的调研访谈中，项目发起人、管理者、岗位标杆均从需求角度分享了岗位标杆需要重点提高的能力及需要学习的内容。学习地图顾问需要将前期调研访谈的结论与学习地图工作坊中业务专家共创的结果进行对照，判断现有课程体系能否涵盖各层级人员的需求，是否存在关键要点遗漏或表述不准确的地方。

对标内外部资源库

学习地图建设从来不是从零开始的，需要与现有学习资源进行有效连接。根据企业培训成熟度的差异，我们可以通过对标内外部资源库来验证课程体系的完整性和科学性。一是对标岗位的过往培训情况，将现有企业的内部课程资源，在筛选、整合的基础上纳入学习地图新的课程体系中。二是对标外部资源库，即将企业外部与岗位相关的市场前沿趋势、关键技术信息、最新理论知识、外部最佳实践等资源，作为课程清单完善和课程体系内容修订的重要参考。

组织业务专家审核

在工作坊结束时，课程体系及前期自学阅读指南、任务图谱的内容整理完稿后，项目组可邀请业务专家代表（包括未参加工作坊的业务专家）对共创内容进行审核，提出反馈意见。可以通过邮件通知或反馈的方式，或者组织正式的线上线下验证会，逐项逐条审核成果内容，确保课程体系在内容上的科学性。

使用删除键和回车键

在课程体系内容审核时有两项要求，一是学会使用删除键，即及时删除学员学了也不去应用的学习主题，减少学习废品，提高针对性，实现学习减负。二是学会使用回车键，即针对重点任务和能力，不是一次课程就能学会的，需要使用回车键换行，对课程内容进行分级设计。通过对同一学习主题在不同阶段学习内容的设计，提高针对性，实现学习提效。

6.4 开发在岗辅导指南

在学习地图项目中，在岗辅导指南包括在岗辅导的主题选择、难点分析、胜任标准、观察记录、胜任判断、行动计划等要素。在岗辅导指南是在岗辅导手册开发的依据，类似于课程开发中的课程说明书。在岗辅导指南重在解决"为何教""教什么""谁来教""怎么教""怎么评"等问题。

传统的师带徒模式，很少有书面的、规范的在岗辅导材料。在大多数情况下，要辅导的内容分散在各种制度、规范、文献资料以及师傅的大脑中，师傅根据自己的经验进行辅导。因此，针对同样的工作任务，不同师傅教的内容各不相同，甚至差异很大，造成"十个师傅带出十个不一样的徒弟"的局面。反之，很多员工一遇到问题就找师傅帮忙，这样对员工帮助不大，也浪费了导师的时间，辅导主题与内容的随意性也会降低在岗辅导的效能。这都是因为在岗辅导工作缺乏标准化、可复制的教学内容，不仅增加了辅导的难度，也降低了辅导的价值。在岗辅导指南通过规划在岗辅导主题、明确在岗辅导标准、执行在岗辅导关键行为，可以有效解决这些问题。

6.4.1 确定在岗辅导主题

在岗辅导的目的是帮助员工胜任工作、提高绩效，在工作场所进行培训赋能。在岗辅导主题与岗位的工作任务应该是一致的，即"干什么"决定"辅导什么"。因为典型任务与绩效更相

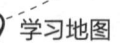

关、工作难度更大、占用的时间精力更多，所以典型任务是在岗辅导的主要来源。

例如，某银行公司客户经理有20项工作任务，通过PDF三维度［绩效相关性（Performance）、工作难度（Difficulty）、发生频率（Frequency）］提取新客户拓展、复杂产品动销、贷前审查、贷中审批跟进、贷款发放落实、贷后管理实施、存量客户关系维护、牵头集团客户专项营销、效益分析与客户增值9项工作任务为典型任务。相应地，该岗位的在岗辅导主题就与这9项典型任务息息相关，或者直接沿用该9项典型任务作为在岗辅导主题，或者在此基础上进行适当的补充和调整。

6.4.2 在岗辅导指南的内容

表6.3展示了一个标准的在岗辅导指南模板。下面我们结合表6.3对在岗辅导指南的各项内容进行解读。

表 6.3 在岗辅导指南模板

××××主题在岗辅导指南	
任务描述	挑战分析
KSA 分析	辅导目标
自学阅读材料	在线学习／面授培训

序 号	主要步骤	胜任标准	方法／工具
1			
2			
3			

任务描述：对在岗辅导主题的描述，展示在岗辅导主题的内涵和边界。本部分描述请参考第4章4.2节。

挑战分析：胜任该任务的挑战和难点，是在岗辅导的重点。本部分描述请参考第4章4.3节。

KSA分析：胜任该任务所需的知识、技能和素质，这是导师在辅导员工时需要关注的内在逻辑，以便让辅导更有针对性。本部分描述请参考第5章5.1和5.2节。

辅导目标：通过辅导带来的直接结果是什么？例如，帮助员工独立处理异常订单、提高门店引流的效果、提高客单价、提高会员回购等。

学习资源：包括自学阅读材料和在线学习/面授培训两栏，即在被辅导前，员工可以自学的材料，可以参加的在线学习/面授培训等。有了这些学习资源，导师可以在统一的知识、技能基础上进行个性化的在岗辅导，从而提高在岗辅导的效能。

胜任标准：包括主要步骤和胜任标准两栏，即说明在岗辅导主题的关键行为标准。本部分描述请参考第4章4.3.2节的"场景分析"与"行为分析"。例如，贷前审查是客户经理9项典型任务项之一，而一个完整的贷前审查工作，又包括收集客户所处行业及政策情况、客户现场拜访沟通、收集整理客户基础资料、现场查勘、撰写尽职调查报告5项关键行为。因此，"如何做好贷前审查"这一辅导主题的胜任标准就是在这5项关键行为的基础上进行整合的。例如，业务专家可以这样表述："能通过前期现场拜访，拟定资料清单，收集客户的基础资料并进行初步梳理分析，对信息疑问部分，能通过第三方数据比对、客户信息补充、现场勘查等方式进行验证，全面掌握客户及所处行业情况。"

方法/工具：导师在辅导该主题时需要用到的各类方法和工具。方法主要指原理、原则、流程、标准等，如PDCA循环、SWOT分析法[1]、客户拜访八步法、BLM（业务领先模型）等。工具既包括物质层面的，如促销告示物

---

[1] SWOT是英文Strengths、Weaknesses、Opportunities和Threats的缩写，象征一个企业自身所处的各种环境因素，包括内部能力因素（优势、劣势）和外部环境因素（机会、威胁）。

料、货架清洁工具、商务名片、手绘图纸等，也包括各类报表、模板等软件工具，如POS（销售终端）报表、促销活动方案、标准作业程序等。

6.4.3 在岗辅导指南的应用

在岗辅导指南，与两个配套材料（在岗辅导实施流程的设计、在岗辅导效果评测的设计），三者结合才能形成完整的在岗辅导手册。

1. 在岗辅导实施流程的设计

在岗辅导实施流程包括开场介绍、讲解示范、试做练习、反馈总结四步，形成一个闭环教学活动。这四步使得在岗辅导过程结构化和规范化。下面我们结合表6.4对在岗辅导实施流程进行解读。

表6.4 在岗辅导实施流程模板

××××主题在岗辅导手册——辅导流程			
序号	关键步骤	时间（分钟）	具体行为描述
1	开场介绍		
2	讲解示范		
3	试做练习		
4	反馈总结		

开场介绍：引发兴趣，通过提问、呈现数据、呈现问题（现象）等激发学员的兴趣。例如，在以"提高员工投诉处理能力"为主题的在岗辅导开场时，导师可以首先说道："投诉处理是客服代表日常工作的一个关键且重要的任务。你自己亲身经历过或看到过的一个印象最深刻的面对客户投诉手足无措的案例是什么呢？可以告诉我你认为的挑战点有哪些吗？""你的投诉差错率在本组内排名比较靠前，相信你尝试过分析其中的原因，也寻找过解决方法，可以跟我分享一下吗？"

讲解示范：导师通过讲解分析或演示操作流程等方式呈现此任务的正确或错误解决方法，突出该任务的关键点或挑战点。在此过程中，导师通常可以使用教材、案例、图片、手册、实物等教学资源，从而有利于学员的理解。

试做练习：导师下达实践任务，学员按照辅导要求开展岗位实践活动，如让学员撰写方案、电话回访客户、绘制图纸等。

反馈总结：导师对学员在整个实践练习中的表现给予反馈，点评学员的试做练习，并对学员的疑问给予反馈。

2. 在岗辅导效果评测的设计

辅导效果评测包括评估维度、胜任判断、观察记录、行动计划等要素，确保在岗辅导实施流程可跟踪、结果可控。下面我们结合表6.5对在岗辅导效果评测的设计要素进行解读。

表6.5 在岗辅导效果评测模板

××××主题在岗辅导手册——效果评测				
辅导对象：			导师：	
序　号	评估维度	√或×	观察记录	行动计划
1				
2				
3				

评估维度：即该辅导主题中哪些关键行为是可以被评估的。评估维度可直接沿用在岗辅导指南中的胜任标准，或者提炼关键行为点。

胜任判断：针对此项胜任标准，需要对该员工是否胜任进行判断，结论为"√"或"×"。针对已达标的关键行为不需要再安排在岗辅导，针对未达标的关键行为要记录未达标的现状，并结合行动计划给予专项辅导。随着时间的推移和辅导计划的推进，各关键行为的胜任判断将逐步变成"√"。

观察记录：记录员工的真实行为和辅导结果，作为辅导过程的存档或作为行动计划改进的参考。

行动计划：根据辅导主题的细项，针对未达标情况设定的改进行动，包括未来的辅导时间、辅导频次、工作资源配置等的简要说明。

第7章

学习地图成果落地

第7章 学习地图成果落地

从企业实践端来看，学习地图项目最大的挑战常常是"落地难"或"不落地"。其中，一部分原因是在学习地图构建过程中产生的。例如，学习地图顾问或业务专家的能力不够导致的学习地图成果不符合需求、没有前瞻性、缺乏针对性等（在前面章节已给出详细的解决方案）。另一部分原因则是在学习地图成果落地过程中产生的，即学习地图成果在落地时缺乏管理和资源，导致学习地图的价值仅仅是办公桌上多了个资料包、电脑里多了个文件夹。本章将介绍在学习地图成果落地阶段，如何通过头部、腰部、腿部三个层面的四个要素来推动学习地图成果落地。

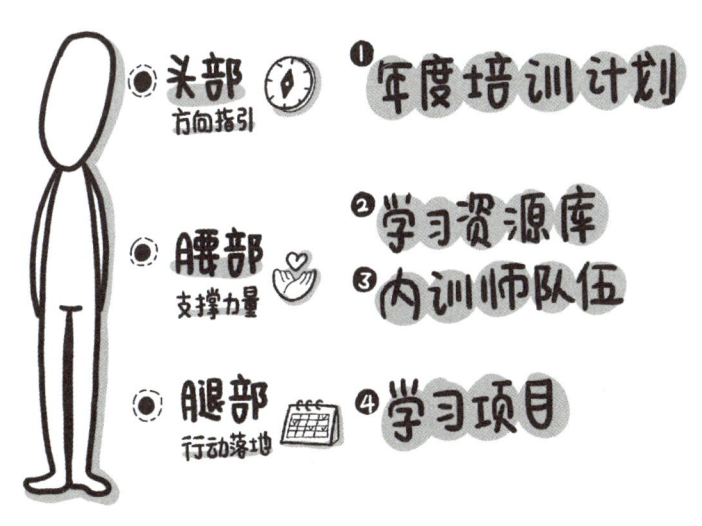

7.1 学习地图成果落地体系四要素

我们需要从计划衔接、资源配套、人员支持、培训实施四个维度进行系统思考，从而形成一个完整的学习地图成果落地体系，体现在具体事项上，即年度培训计划、学习资源库、内训师队伍、学习项目四要素（见图7.1）。

图7.1 学习地图成果落地体系四要素

年度培训计划是学习地图与企业当前战略、业务热点相结合的产物，为学习地图成果落地起到了头部方向指引和重点选择的作用；学习资源库包括

学习地图

自学材料库、课程库、教材库、案例库、试题库、辅导手册等,是学习地图成果落地的腰部支撑力量,没有配套的学习资源,学习地图成果落地就会"有心无力""想到做不到";内训师队伍可以细分为经验萃取师、课程开发师、授课讲师、在岗辅导师、管理教练、引导师、行动学习催化师等角色,他们是驾驭学习资源、实施学习项目的支柱性力量,起着承上启下的作用;学习项目是将学习地图的理想设计付诸实施,践行"培训减负、学习提效"理念的最终落脚点,没有和学习项目交付相结合,学习地图就是空中楼阁。

例如,某股份制银行的A分行,现有理财经理约630人,在全行新的绩效考核与量化薪酬体系下,为了提高理财经理队伍的专业能力,改善绩效,实施了理财经理学习地图项目。整个项目围绕四个关键环节开展:

第一,通过针对分行个人金融部总经理、绩优支行长代表、理财经理标杆的调研访谈和学习地图工作坊,明确了理财经理的业务期望、任务图谱、能力画像和能力现状评价,设计了分阶段的学习地图。针对初级理财经理,重点培养产品知识、AI展业工具、电访与面访技巧,提高其独立开展客户关系维系、常规产品销售的能力,提高绩效考核达标率;针对中级理财经理,重点提高其复杂产品销售、为高净值客户提供投资建议及理财方案的能力,实现客户财富的保值增值;针对高级理财经理,重点提高其市场分析、客户规划与圈层经营的能力,为高净值客户提供全方位综合金融服务,激发客户的隐性需求。

第二,基于理财经理学习地图的指引,实施了"师课同建——引导式课程开发项目",组织业务专家在课程开发导师的带领下完成了10门内部精品课程的开发,为后续理财经理队伍的培养储备了学习资源,使学习内容更加接地气,更符合区域实际工作场景。同时,针对这10门课程,培养认证了30名课程授权内训师。

第三，开展初、中、高级理财经理培养试点项目。以初级理财经理试点项目为例，从各支行营业网点选择了20名初级理财经理，在为期60天的学习项目周期中，通过线上线下相结合的方式，组织内外部师资，对重点产品和服务营销进行赋能，提高理财专业能力，并通过训后实践任务促进学习转化。在训后的第3~5个月，20名初级理财经理的月度核心知识考核通过率、管户金融资产日均余额增量、管户20万以上客户增量、电话联络客户有效率、管户服务满意度等考核指标与训前数据相比均有15%~30%的增长，类比分行其他200多名初级理财经理同期各项指标均有10%~25%的增长。

第四，在年底开展年度培训需求分析时，将学习地图针对不同阶段的学习设计与当前业务部门的需求重点相结合，并纳入年度培训计划中，既确保了学习地图成果的全面落地，又为年度培训计划制订的科学性和有效性提供了有力保障。

7.2　学习地图成果落地与年度培训计划

年度培训计划是基于公司战略和业务发展，对全年的培训主题进行设计、重点学习项目进行策划、学习资源进行投放的规划。年度培训计划是学习地图与企业当前战略、业务热点相结合的产物。一个完整的年度培训计划包括两类培训主题，一类是基于关键群体的关键任务赋能，另一类是基于关键业务的关键群体赋能。

关键群体的关键任务赋能培训计划，即学习地图项目构建中已圈定的关键群体及相应的培训重点，所以年度培训计划的制订与分解是学习地图成果落地的重要手段，同时学习地图也是年度培训计划制订的依据。例如，卓越客户经理培养项目、财务BP混合式学习项目、新员工岗前培训、中青年干部班等学习项目。

关键业务的关键群体赋能培训计划，则是对关键业务如新战略、新业务、新技术等进行赋能，并匹配到相关人员，以提高赋能的针对性。例如，网点转型项目、生产班组效能改进项目、数字化经营专题培训班、营运模式变革工作坊等学习项目。

两者的出发点不一样，目的却是一致的，都是"加速人员成长、实现业务赋能"，两个维度构成了年度培训计划的完整闭环。

7.2.1　年度培训计划的制订逻辑

罗浩是某地产企业的培训负责人，进入12月，又到了分析新的年度培训需求的时候，他需要对全公司近2000人的培训进行统筹规划。罗浩犯了难，到底要怎么规划全年的培训计划，才能让培训对业务发展有助推、对员工成长有促动？科学的年度培训计划应该如何制订？

年度培训计划的制订逻辑如图7.2所示。第一，年度培训需求分析的起点是上一年度培训复盘，即对培训体系各要素及各业务条线的培训成效进行复盘，提炼总结经验，找出不足和改进点。第二，识别核心业务命题，找准培训服务于业务变革和发展的抓手，如国际化战略、核心技术升级、业务模式转型等。第三，组织能力梳理，即基于前两点梳理公司当前的组织能力要素。例如，哪些人群是最重要的？哪些能力是最重要的？公司采购集中化业务模式转型对应的采购规划、资源管理、采购BP等群体，以及对应的采购流程优化、项目组织、系统集成、资源垂直管理等专业能力。第四，盘点人才满足度，即从现有的人才数量、人才质量、培养周期、梯队建设、队伍敬业度、未来可保留情况等维度来识别人才现状。第五，制作年度培训计划，即通过关键群体的关键任务赋能与关键业务的关键群体赋能两类计划来确定培训主题、培训资源投放、培训目标设定、培训时间安排、培训费用构成等，形成完整的年度培训计划。

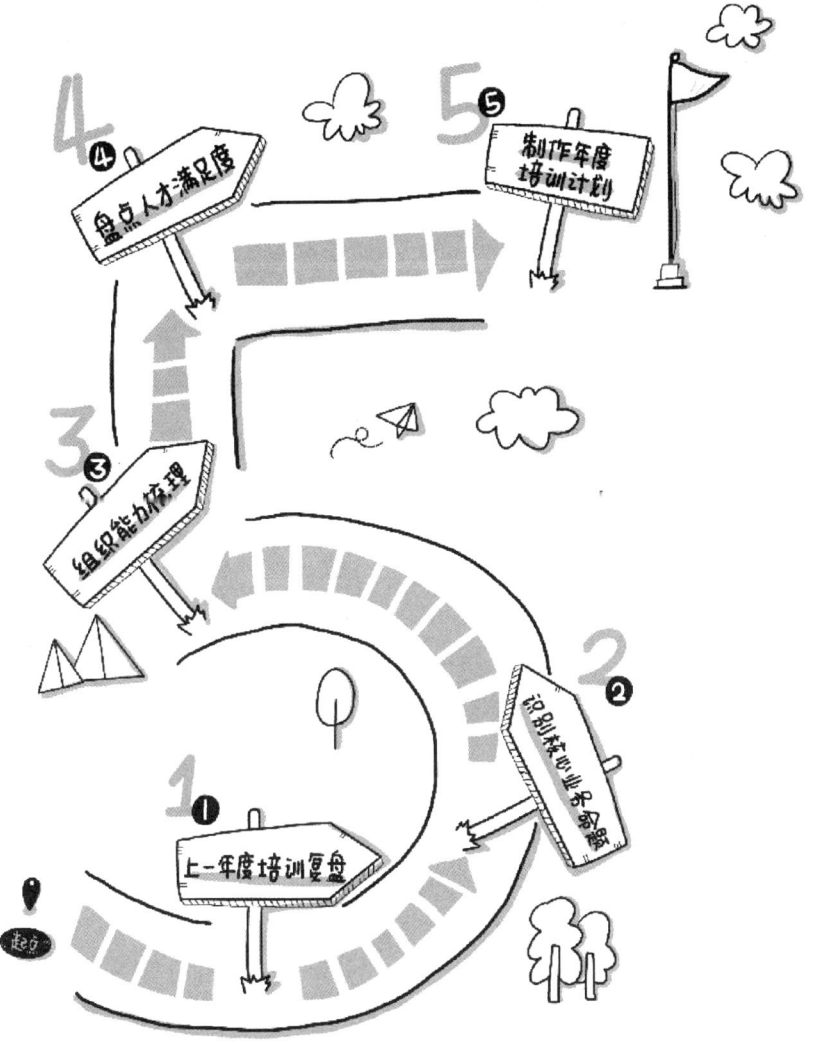

图7.2　年度培训计划的制订逻辑

7.2.2　学习地图与年度培训计划的衔接

从岗位价值和任务分析出发，企业有了关键群体学习地图，所以年度培训计划就无须再做这些重复分析工作，可以将精力放到当前变化最快、要求最新的变革类培训需求分析上，以提高年度培训计划制订的有效性和针对性。同时，年度培训计划制订也是学习地图成果迭代升级的过程，即通过最新的业务分析和培训需求的补充，将年度培训计划中新的学习需求、学习内容纳入学习地图中，不断丰富完善各关键群体的学习地图，以为员工提供更完整、更清晰的学习成长指引。

学习地图嵌入年度培训计划，是年度培训计划锁定关键群体，在关键群体里锁定关键阶段，并锁定需要突破的关键任务的过程。当完成了学习地图的规划和构建时，因为企业已经有了学习地图的完整分析过程和成果，所以基于关键群体的关键任务赋能计划的制订就从"填空题"变成了"选择题"。如果没有学习地图指引，年度培训计划的制订工作量将是巨大的，而有了学习地图指引，年度培训计划制订的科学性、敏捷性均会大大提高。

例如，某银行通过对上一年度培训成效的复盘以及重点业务分析，在"网点转型升级""决战高端，加强私行中心建设"的战略指引下，网点主任（全周期）、网点综合化客户经理（新任期）、私行经理（新任期）、贵宾理财经理（成熟期）等群体成为年度培训计划中需要重点关注的群体。对这些关键群体及其成长阶段，学习地图均已进行了科学的任务导向的学习方案设计，所以本部分的年度培训计划制订，只需结合这几类关键群体的现有数量、质量，从学习地图设计中挑选出年度培训重点即可。

7.3 学习地图成果落地与学习资源库

学习资源库包括自学材料库、课程库、教材库、案例库、试题库、辅导手册、工具箱等，我们以课程这一最具典型特征的学习资源为例来说明如何做好学习地图成果落地中的学习资源开发管理（其他形态的学习资源开发管理实施流程同此）。

在课程开发项目中，如何选取课程开发的主题？哪些是员工最需要的内容？如何在课程中体现业务特色？什么样的案例是有价值的？课程配套的试题库如何建立？……这些都是培训管理者、课程开发团队常常面临的问题。从最佳实践来源和课程开发技术掌握程度两个维度，我们将课程开发管理的模式分为引导式开发、内部自主开发、品牌课程内化、定制化开发，如图7.3所示。

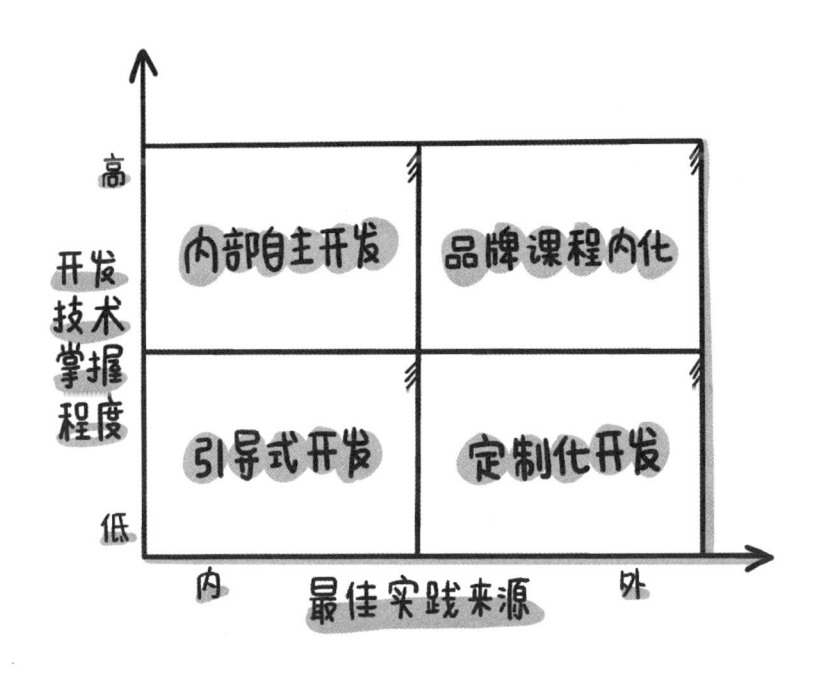

图7.3　课程开发管理的四种模式

7.3.1　四种课程开发管理模式及其特点

1. 引导式开发

引导式开发（最佳实践来源，内；开发技术掌握程度，低），是指当与拟开发课程相关的业务发展成熟且企业内部有相应的业务专家时，在外部课程开发导师的引导下，由内部业务专家完成课程设计、开发和制作。这种内外结合、业培融合的开发模式适用于大多数企业。其优势在于，第一，干中学、学中干，效能最高，既产出了高质量课程成果，又在潜移默化中培养了队伍，沉淀了课程开发的方法。第二，引导式开发可以融合众人智慧，通过业务专家团队共创，从组织的视角提高课程开发的质量。第三，大多数企业对课程开发的时间和质量的要求都较高，由外部顾问作为课程开发专家，既保障了课程质量，又最大限度地节省了内部业务专家的时间。

2. 内部自主开发

内部自主开发（最佳实践来源，内；开发技术掌握程度，高），是引导式开发的演进。如果企业已有一批培训管理者、专兼职内训师掌握了课程开发技术，他们既懂课程开发又懂引导、辅导，同时善于项目的设计和运营，企业就可以采取内部自主开发的模式，即由内部的课程开发导师来引导内部业务专家进行课程开发，在开发过程中培训部门、业务部门联动，保证学习资源开发的质量和进度。

3. 品牌课程内化

品牌课程内化（最佳实践来源，外；开发技术掌握程度，高），是指学习地图设定的课程主题的主要内容和经验来自外部，如"六项思考帽""高效能人士的习惯""顾问式销售""关键时刻""设计思维"等品牌课程，而企业内暂无内容专家。传统方法是直接采购这些外部资源，由外部职业培训师来交付。这种方法面临两个问题，一是当企业内部需要大范围推广该课程时，采购成本过高；二是缺乏与企业业务贴近的场景和案例，外部培训师也可能对本行业、本企业不够了解，对学员的学习迁移能力要求更高。所以，在企业的培训管理者、专兼职内训师掌握了课程开发技术的情况下，可以采用外部品牌课程内化的方式，这样既传承了外部经典方法论，又保证了学习内容与内部业务场景的结合，可以快速形成一批高质量课程和高质量内训师。

4. 定制化开发

定制化开发（最佳实践来源，外；开发技术掌握程度，低），是指课程与企业的业务紧密相连，但外部并没有可用的课程，内部也缺乏具有相关实践经验的业务专家，这时就需要专业顾问在调研分析的基础上，结合外部最佳实践和企业业务场景，定制化开发课程。在定制化开发模式中，内容专家和方法专家均由外部专业人士担任，企业内部的业务专家担任调研对象和课程成果内化认证的角色，培训管理者担任项目经理角色，对项目全流程进行管控，对定制化开发成果进行验收。

7.3.2 四种课程开发管理模式应用举例

某企业有850个营业网点，针对店经理、值班经理、营业代表构建了一套完整的学习地图，包括自学阅读、网上营业厅模拟操作、面授课程、在岗辅导、轮岗学习等多种学习方式。在配套的学习资源开发方面，根据企业的业务发展现状和课程开发能力现状，应用四种课程开发管理模式逐步完成了学习资源的开发、上线和推广，有效推动了学习地图成果落地。

一是针对"挖掘存量中的'金矿'""搞定大客户""店面降本增效秘诀""门店运营分析"等课程，培训部门将优秀店面管理人员和业务骨干组成多个课程开发团队，在课程开发导师的引导下，一个月内完成了课程开发立项、大纲设计、内容萃取、课程包制作等全流程，并且在每门课程开发的过程中训练了3~5人的内训师团队。（引导式开发模式）

二是在引导式开发的基础上，内训师队伍逐步掌握了课程开发技术和课程开发管理的方法。针对"店面经理的角色认知""发现你的客户""店面例会三三法""渠道帮扶与挖潜"等多门基础课程，培训部门将课程开发任务分配给了市场教研室的内训师团队，由其按照企业课程开发标准自主开发并验收入库。（内部自主开发模式）

三是经过多方考察，企业选定了一些专业机构的成熟品牌课程作为外部学习资源的输入。其中，品牌课程"顾问式营销"因课程专业度高，行业已有成熟的模型和方法论，同时该课程在企业内部的适用对象人数较多，涵盖850名店长、1000多名值班经理，所以企业决定采用品牌课程内化模式，即"示范课+拆课+串讲+精讲+认证"的方式，将"顾问式营销"课程版权移植，同时培养一批该课程的授权内训师。示范课，即外部授权导师开展"顾问式营销"版权课程授课，内训师以学员身份学习完整课程内容；拆课，即外部授权导师对"顾问式营销"课程的内在逻辑和内容进行拆解，并组织内训师对内容进行定制化调整，尤其是案例、练习部分需要场景化；串讲，即内训师对课程的主要框架和内容进行逻辑化演绎，熟悉课程结构、内容和教学方法；精讲，即内训师对课程的关键知识点、技能点进行讲解和演示；认证，即通过知识考试、试讲考评、实践评估等方式帮助内训师完成课程的承接，真正实现师课同建，推动外部高品质学习资源的内化。（品牌课程内化模式）

四是营业网点原本只负责基础业务办理、数据业务营销和客户售后服务的工作，智能终端营销是网点转型后新增的职能之一，但本企业的智能终端营销经验并不成熟。智能终端营销在品牌商、各类卖场虽已存在多年，经验成熟，但直接采购这样的培训课程，其营销模式与营业网点的客户群体、营销政策、营销重点、服务流程均不适配。企业内部自主开发、引导式开发也因缺乏内部业务专家，难以保证效果。因此采用定制化开发模式，即选择有丰富终端营销经验的外部专业师资，在充分调研本企业的营销策略、捆绑政策、营业厅陈列特点、热销机型、客群分类等基础上，定制化开发"营业厅智能终端营销八步法"，并将课程内化给内训师，由内训师在各区域营业网点快速推广。这样定制化开发课程既能紧跟外部最新的营销方法论，又能充分结合网点业务特点，其课程成果的稀缺性和质量均较高。（定制化开发模式）

7.4　学习地图成果落地与内训师队伍

"请进来"加"走出去"的学习方式已经不能满足企业的培训需求，诸多优秀企业开始由"外源型"培训向"内生型"培训转型，越来越关注企业知识与经验的沉淀与传承，也越来越关注由内部的管理者、业务骨干承担培训赋能的职责。内训师就是这样一群人，他们将组织经验沉淀，经过对内的传道、授业、解惑，以及对外的学习、交流、分享，实现推动业务发展、赋能于人的目的，是企业价值的持续传播者。

内训师的发展历史不算长。在网上搜索"内训师"一词，该词条出现的最早时间是1979年。自2000年开始，尤其是2010年以后，该词条出现得尤为密集，内训师的价值在企业中逐渐被重视。当前，内训师队伍已经成为绝大多数企业学习地图成果落地的支柱力量，承担了大部分学习资源开发与传承的任务。对企业人才发展工作来说，内训师不应该是可有可无的，而应该是必需的。

7.4.1 内训师的角色定位

"传道、授业、解惑"自古以来是对老师的最佳诠释。从多个行业优秀企业的实践来看，内训师作为企业中的"老师"，主要扮演了讲师（Trainer，T）、开发师（Developer，D）、引导师（Facilitator，F）、辅导师（Mentor，M）四种角色，如图7.4所示。讲师，即传播企业文化、组织经验，分享个人最佳实践的人，根据不同的剧本要求去演绎和呈现主题，包括在线培训与面授培训两种。开发师，即作为业务专家提炼和总结个人经验，或作为方法论专家萃取他人和组织经验，形成独特的内部学习资源。引导师，是近年越来越受到重视的一个角色，即通过引导共创的方法，激发他人主动思考、贡献智慧、研讨互动，共同解决问题。辅导师，即在工作岗位上开展辅导带教的管理者、业务骨干，工作内容包括发展型辅导和改进型辅导。

TDFM四角色有各自不同的任务职责、能力要求、价值贡献标准和考核要求，同时四角色之间又是可以互相兼容的，例如，内训师可以是其中的一个角色，也可以是多个角色的组合。

图7.4 内训师TDFM四角色八任务模型

7.4.2 内训师队伍现状盘点

内训师队伍现状盘点，是指通过对内训师的一系列评价指标的评估来对企业内训师建设的水平进行诊断与分析。例如，通过对内训师数量占比、内训师活跃度、内训师队伍结构、自有内部课程数、内部授课课时占比等指标，对标一流企业或行业标准，盘点现状，找到差距，明确下一步内训师队伍建设的方向。

例如，在一家2000人的信息服务型企业，总部级内训师有53人，分公司级内训师有153人，即内训师总数206人，内训师占员工总数的百分比（内训师数量占比）约为10%。这个数据的合理性与企业性质、员工数量、管理架构有一定的关系，10%在行业是比较高的水平，排名靠前。

内训师数量是越多越好吗？在评价指标中有一项是"内训师活跃度"，

即，有多少内训师在过去一年中参与过内训工作。通过这个评价指标就能盘点出，哪些是有效师资，哪些是僵尸师资。所以，如果只追求内训师数量，就会走入误区。

若想看到数量背后的质量，还有"内训师队伍结构"这一指标，即内训师队伍中各级员工所占的比例。2020年，206名内训师中有160余人是来自一线的厅店营销代表和热线座席代表。显然，这样的结构是有问题的，因为内训师结构与公司的业务条线分布、人才队伍结构不匹配，不具备广泛性和先进性。经过两年的选拔、应用、晋级、淘汰、特聘，2022年，内训师师资库更新到了215人。其中，业务骨干126人（服务营销序列76人、技术工程序列35人、综合管理序列15人），专家人才与基层管理岗56人［专家人才是指非管理级别的高级业务人员（33人）］，中高层管理者28人（总部部门正副职、分公司管理层），特邀内训师5人（公司总经理室成员）。经过两年的发展，内训师数量上没有太大变化，但明显呈现出金字塔特征，内训师来源分布也更加合理，这样的内训师队伍结构能更好地满足业务赋能与人才培养的需求。

通过举例说明以上这三个指标，再加上自有内部课程数、内部授课课时占比等指标，基本就能够盘点出内训师队伍的现状，同时也可以为企业在内训师队伍建设上找到最有效的工作切入点。

7.4.3 内训师队伍能力建设

内训师队伍能力建设，是指结合TDFM内训师四角色八任务模型，锚定内训师在企业当前的核心角色，设定内训师的能力画像、选拔标准和成长路径。通过持续的选拔和赋能，打造内训师成长舞台，支持内训师更好地为组织贡献智慧。

1. 内训师队伍选拔

基于内训师标准，通过能力测评和专家评审，选拔合格的内训师。在本企业，什么样的人员适合担任内训师？内训师应该有怎样的选拔标准？内训师在不同条线的定位和角色比例是什么样的？选拔的方式有哪些？一是以课定人，基于课程主题选择业务骨干，即通过学习资源开发、培训赋能、在岗辅导等任务的学习与考核，将其纳入内训师队伍中。二是以人选课，候选人员选择自己擅长的主题，通过内训师选拔报名、能力评审、能力认证加入内训师队伍中。

2. 内训师队伍赋能

对内训师进行分角色、分层级、分阶段的培养。随着企业培训成熟度的提高，授课在内训师工作中的比重逐渐下降，这一点也吻合了内训师TDFM四角色在企业发展中的变迁。在企业培训发展初级阶段，内训师的主要职责是授课。到了培训体系优化阶段，由于学习地图的完善，大量企业特色的学习内容需要开发，内训师的工作重心从授课向各类学习资源开发转移。随着培训体系的逐步完善，到了培训价值创新阶段，内训师应该成为组织学习的推动者和引领者，除了授课和课程研发，其任务更多地向在岗辅导、引导共创、学习文化营造倾斜，其价值创造的手段更加多元化。

例如，A企业是一家规模约3000人的城市商业银行，随着业务的发展和新时期业务模式的转型，银行领导提出培训工作也要从外源型向内生型转变。如何快速建设一支高质量的内训师队伍，如何开发高价值的本行特色的内部学习资源，成为人才发展部门必须思考的问题。经过调研，该行确定了"以点带线、以线成面"的内训师渐进式发展策略。即，第一年选择了业务发展快速、人才培养最急需、业务部门领导最配合的零售条线来试点，按照"学习地图构建—开发内部课程—课程授权认证—学习项目试点—沉淀制度流程"这样的方式将人才发展与内训师管理活动结合起来，实现点的突破。第二年，把这套沉淀下来的内训师"选用育留"的标准在对公业务条线、风险管理条线、信息科技条线进行推广，完善了关键群体的学习地图，丰富了核心学习资源库，打造了一支跨条线的企业级精英内训师队伍。经过三年的推进与迭代，目前该行已建立一支280人的内训师队伍，师课同建、人课匹配，在推动学习地图成果落地的同时，将内训师队伍建设、课程库建设和重点培训项目实施等工作相结合，形成了较为完备的企业级培训体系。

7.4.4 内训师队伍激励管理

如何使内训师队伍建设得到企业高层的重视和支持？如何让内训师在兼职参与培训工作时无后顾之忧？如何推动内训师体系长效运转？如何营造尊师重教的内训学习文化？这些都是内训师队伍激励管理体系需要解决的问题。

内训师的价值应用，是内训师履行四个角色，完成在线培训、面授培训、萃取组织经验、开发学习资源库等核心任务的过程。这是内训师激励管理的基础。内训师通过价值贡献为业务专家在组织的自我价值实现开启了新的通道，同时，内训师在价值贡献中也需要得到组织更多的认可，组织需要通过丰富的激励管理手段来激发内训师的热情。

在内训师激励管理体系中，除了通过物质激励、资源支持等触发内训师的基本动力，还应该从内训师的圈子、自我归属感、领导支持、密联业务、文化认同的角度出发来营造尊重知识、尊重贡献、尊师重教的内训师文化。这样才能帮助业务专家快速融入内训师队伍，获取同伴的认可，促进相互的分享和交流。

7.5 学习地图成果落地与学习项目

近年来，绝大多数企业的培训工作已完成从传统的以培训课程为中心到以学习项目为中心的项目化运作模式的转型。日常培训工作的重心从课程采购、师资招选，升级为业务分析、学习方案策划、学习项目运营、学习资源建设、学习成果转化等。通过学习项目交付将学习地图的设计付诸实施，同时，学习地图也让不同的学习项目关联起来，实现从单个学习项目到学习项目体系的升级。学习项目交付需要在项目不同阶段抓住关键点，形成学习动力圈，让学习项目效果落到实处，推动学习地图有效落地，如图7.5所示。

图7.5　学习动力圈

7.5.1　训前适用——前置式学习提效能

训前适用，是指正式学习前通过社群热身、自学阅读、训前测试等方式，激发学员学习兴趣，拉平学习起点，提高学习项目中正式学习的效能。在训前学习的过程中，学员可以发现个人学习收益点，在还没来到培训课堂之前已经开始学习，提前储备知识，开启个人思考。训前学习的设计可以通过多种方式来实现，如拆书与撰写读书心得、阅读学习材料、推送在线课程、布置训前实践任务、收集学员关注问题、训前在线测试、能力素质测评等。

例如，在某企业"黄埔计划——客户经理90天"学习项目中，第一周通过社群学习模式，在线完成学习小组组建与热身、个人课题申报方法的学习、培训中待研讨案例主题的申报等；第二周进行线上拆书活动，阅读《顾问式营销》一书，并进行分组拆书与在线分享；第三周开始在线学习，每天推送一门在线课程，学员完成15分钟的在线学习并进行社群打卡；第四周后半段开始训前文章导读，为即将开始的面授培训进行预热，同时在开班前完成在线考试，以考促学，拉平学习起点。

7.5.2 训中会用——精细化运营显价值

"教不等于学，学不等于会，会不等于用"，这是培训交付的痛点和难点。为了实现"教—学—会—用"一体化的教学目标，教学方式设计就要匹配教学内容，符合学员的学习特点。例如，在学习地图设计中强调自学阅读、在线学习、面授培训、在岗辅导四种基础学习方式的组合使用。到了项目交付阶段，在训中要以学员"会""用"为目标，需要对教学方式进行个性化的设计。例如，想让学员理解和记忆知识，可采用阅读、讲授、讨论等方式；想让学员掌握新的技能，可采用案例、练习、演示、角色扮演等方式；想让学员改变态度、看法或偏见，可采用测评、角色扮演、游戏、模拟等方式。这些课程内容的聚焦、教学方式的创新等将促进学员学会核心技能，让学员意识到"有用""想用""会用"。

在"黄埔计划——客户经理90天"学习项目中，训中会用阶段的主要任务包括：一是开展面授学习，以专业技能的学习、演练、辅导为主，开展"客户规划六步分析法""大数据业务与行业应用""行业解决方案定制"3门课程的学习；二是开展0.5天的成功故事分享会，邀请优秀的成熟期客户经理、业务主管来分享相关的主题案例，并进行现场答疑；三是开展1天的共性难题研讨会，针对大客户业务中的关键问题组织学员进行共创研讨，并形成解决方案和行动计划；四是开展1天的个性难题研讨会，对每位学员前期提出的工作难题，采用团队互助学习的方式帮助他们寻找解决方案，形成IDP（个人发展计划），帮助学员解决实际工作问题。整个现场集中学习虽只有5.5天，却覆盖了核心技能的习得、关键业务问题的研讨、个人工作难题的思考与解决等，高效且深刻。

7.5.3 训后应用——四维度考核促转化

学习项目的"70-20-10"法则揭示了，在一个完整的学习周期内，学员在实践、沟通、反馈等非正式学习上投入的时间应该大大多于在课堂上正式学习的时间。从培训转化的角度来看，如果在训后缺乏复习、实践、反思、分享等关键环节，学员习得的知识、技能会随着时间的推移递减。"培训没用，是因为没去用。"由于通过考试考核、例会学习、工作任务委派、实践作业、在岗辅导、参加业务会议、成果汇报等方式来推动培训成果的转化是学习项目的重要一环，因此培训管理者需要分配更多的精力来重视训后应用环节。

在具体的学习成果转化过程中，根据不同类型的学习主题，培训管理者可以从四个维度界定评估重点，通过以考促学，让学习效果的转化与评价更加数据化、显性化。

知识维度：针对知识型学习内容，可以对政策、制度、产品、原理、流程、工具、话术等知识原理开展笔试，检验知识掌握程度。通过对知识的前后测，可以提高学员的学习动力，强化学员的记忆力，检测学员的学习效果。

技能维度：针对技能型学习内容，可以通过情景模拟、角色扮演、现场实操等形式验证学员对客户投诉处理、沟通谈判、系统操作、故障处理等技能的掌握情况，通过学练结合、学考结合，推动学员学习效果的转化。

行为维度：针对学员训后行为的改善，例如，在管理技能、服务营销、沟通谈判等场景中，可以通过提供工具模板，督促学员制订训后实践计划；

通过电话、电子邮件等方式进行跟进，并安排导师给予辅导和反馈。要对学员的训后实践成果进行评审，对优秀学员进行表彰，并在组织内部共享成果，推动知识生产与转化。

在"黄埔计划——客户经理90天"学习项目中，训后应用阶段的主要任务包括：一是继续每周推送学习内容，以视觉笔记的方式显性化地把前期学习内容推送给学员，帮助其复习、巩固所学知识，同时持续推送在线学习课程，补充培训主题相关的新知识、新技能；二是组织知识考试，以考促学，强化学员对知识和技能的理解；三是督促开展训后实践，应用课程中所学的客户规划方法、大数据业务的行业应用方法、行业解决方案定制方法开展客户营销与服务工作，并形成实践案例提交项目组评审；四是通过IDP的执行去落地个人难题工作坊中形成的解决方案。

绩效维度：将参与项目的学员绩效指标在训前进行多维度的提取并在训后进行数据对比。注意：绩效指标的提取需要保证数据选取的针对性，即所选取的数据需要与培训赋能的知识、技能直接相关，同时，为了增加数据的说服力，绩效指标的提取需要有足够的样本量和时间周期。

例如，A公司举办了一期"智能终端营销能力提高"学习项目，选了4个区域公司的28位店面经理参加培训。训后一个月内，参训学员要对6款热销机型，运用培训所学的营销策略、营销工具、营销话术进行社群宣传与厅堂营销。一个月后，项目组提取了28个厅店智能终端的销售数据与4个区域公司的其他200多个厅店的数据进行对比。另外，各参训厅店可以与所在区域的整体销售指标完成率进行对比，或者与自身前3个月的销售数据进行对比。通过这几个维度的数据分析，可以判断出该学习项目对本区域重点智能终端营销结果的影响，并分析该学习项目对厅店具体业务业绩的影响。

7.5.4 动力闭环——全流程融入造氛围

在学习项目交付的各个阶段，项目管理者都需要建立学员与学员之间、学员与老师之间的连接。让学员在学习过程中感受到被关注和被尊重，营造良好的学习氛围和实践环境，是整个学习动力圈运转的基础。例如，在训前项目宣传期间，通过公司网站、短视频、海报等方式让潜在目标客户更好地了解学习项目的主题、特色和价值，让参加项目学习成为学员的一种期待而不是负担。在集中面授期间，通过共创班级规则、班委会选举、培训场域构建、团队共创、分组竞赛、优秀小组与个人评优等方式来营造沉浸式学习氛围。在训后应用期间，通过行动计划与行动承诺、互助小组、邮件反馈、作业打卡、管理层评优、成果共享等方式，提供实践环境和跟进机制的支持，帮助学员保持学习的动力。

在"黄埔计划——客户经理90天"学习项目中，在项目开展的前、中、后期，通过全程社群学习辅助线下面授培训的模式，帮助学员在90天内完成客户经营能力升级。除了上述三个阶段不同的学习方式，在动力氛围营造上，训前通过社群学习完成团队组建、学习预热、在线拆书等活动，训中运用翻转课堂进行体验练习、通过学习测试检验学习效果，训后开展扶上马送一程、微学社、每周打卡等方式帮助学员营造比学赶超的氛围，形成完整的学习动力圈。

"黄埔计划——客户经理90天"学习项目设计框架如图7.6所示。

第7章 学习地图成果落地

图7.6 "黄埔计划——客户经理90天"学习项目设计框架

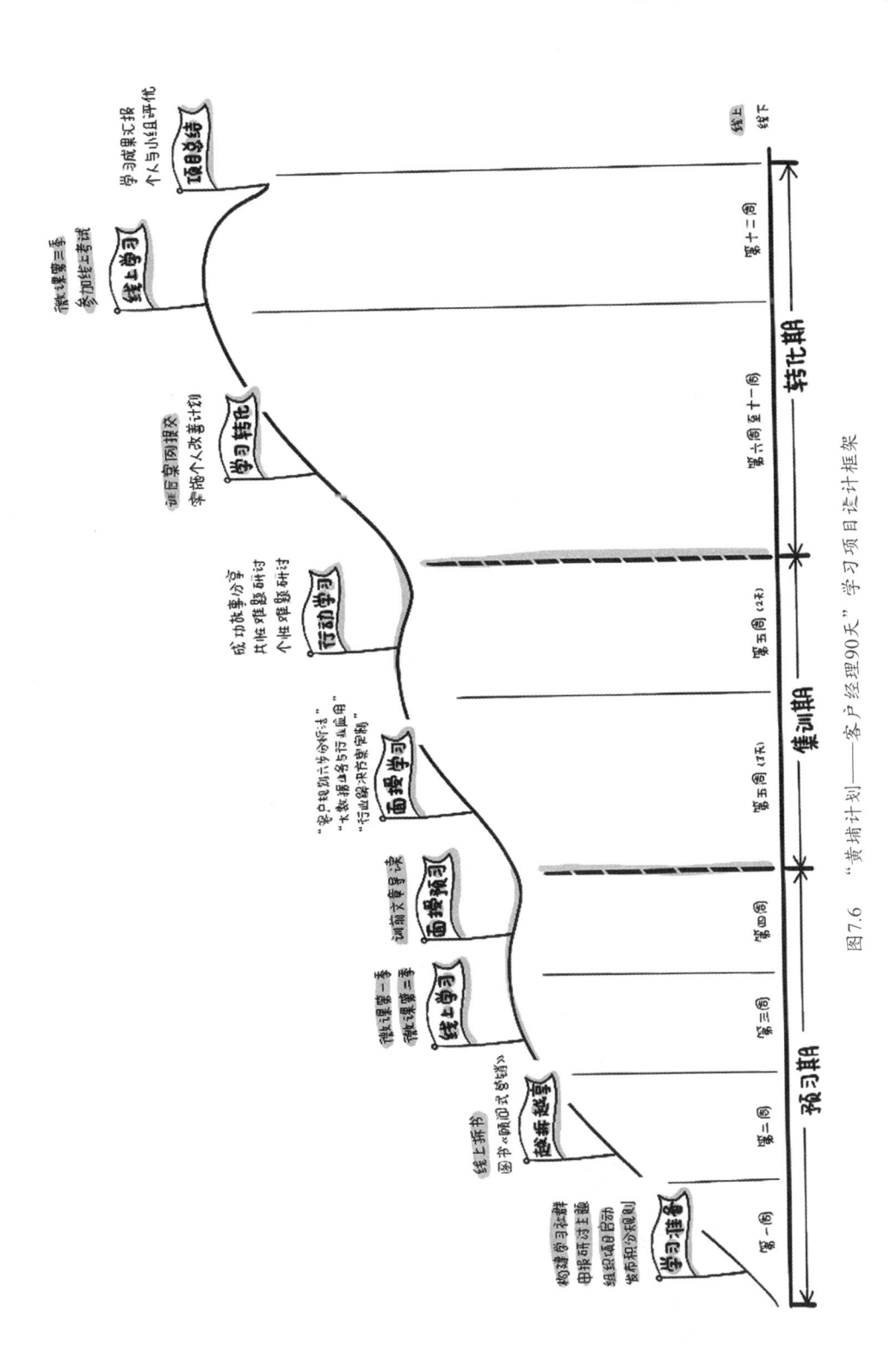

第8章 08

成为学习地图顾问

学习地图顾问，又称学习地图构建师，是指掌握调研诊断、工作任务分析、能力画像绘制、学习方案设计、学习地图制作、引导共创、辅导反馈等技术，带领业务专家完成学习地图构建并对项目成果质量负责的专业人员，包括咨询培训机构的专职学习地图顾问和企业内部兼职学习地图顾问。

8.1　何谓学习地图顾问

在给数十家企业完成培训经理（名称各异，如培训管理岗、学习发展经理、学习设计师、学习管理师、训战经理、业务支持经理等，在此统称培训经理）学习地图构建的项目实践中，培训经理的角色定位和成长阶段划分各有特点，但在本质上是趋同的。最常见的设定为：初级——培训执行经理、中级——培训项目经理、高级——培训规划经理，这三个成长阶段的划分是基于培训管理视角。与这三个成长阶段平行的第二职业曲线角色为培训技术专家，即根据组织需求及培训经理个人的成长阶段、兴趣特质、职业规划等，选择某个或某几个专业技术方向进行深耕，如成为内训师、在岗辅导师、测评师、经验萃取师、课程开发师、引导师、行动学习催化师、绩效改进师、管理教练等。综合起来，培训经理的学习成长路径多为"3+N""一主一辅"的成长模式。

能够针对企业关键群体开展培训体系的建设，并且能够针对业务单元做好培训资源投入的规划，是培训经理从培训项目经理向培训规划经理成功转型的重要标志之一。现阶段，绝大部分学习地图顾问由培训咨询机构的高级顾问担任。随着学习地图技术的推广，学习地图越来越强调企业属性、业务属性，越来越强调快速迭代、敏捷高效，企业内部的培训经理也越来越多地承担学习地图顾问的角色，学习地图规划与落地也成为中高级培训经理的重要工作内容。

8.1.1 学习地图顾问的三种角色

学习地图顾问通过调研、分析、诊断等"过程咨询"手段完成任务分析、能力分析和学习分析，对学习地图项目最终成果负责。同时，因为学习地图对象的不确定性，学习地图顾问需要掌握引导技术，在学习地图项目中通过引导业务专家深度参与，提高学习地图的科学性和针对性。因此，在学习地图项目管理的全流程中，学习地图顾问在不同阶段承担了咨询顾问、引导师、学习设计师三种角色。通过对咨询顾问、引导师、学习设计师三种角色进行对比，我们可以更清晰地理解学习地图顾问在学习地图项目中的角色定位。各角色描述如表8.1所示。

表 8.1 咨询顾问、引导师与学习设计师

角色	描述
咨询顾问	• 在某一特定领域有精深的研究，是解决问题的直接责任人； • 提供咨询的主题与自身的专业知识、职业技能和从业经历强相关； • 需要运用资料分析、调研访谈、分析诊断等方法，策划和实施咨询服务活动，实现项目目标
引导师	• 是流程专家而非内容专家，是指引而非控制，让参与者找到解决问题的方法； • 致力于团队的群策群力，激发团队动能，达成综合效果； • 处理共创中的各种失当行为，聚焦目标，引导团队达成共识
学习设计师	• 能够识别和分析组织需求和业务需求，并将其转化为学习需求，为学习设计提供依据； • 在设计和运营学习项目时能够对各种学习技术进行整合应用，并形成科学的综合解决方案； • 具备学习设计后端的培训运营、项目营销、培训转化、培训评估等知识和经验，提高学习设计的有效性

本质上，咨询顾问更关注结果，引导师更关注过程，学习设计师则匹配了学习地图这一特定的工作场景，三者互为补充，学习地图顾问根据各阶段的目标进行角色的无缝转换。

8.1.2 学习地图顾问的工作模式

本书倡导的学习地图技术是将引导技术嵌入学习地图项目构建的全流程，其对应的学习地图顾问的工作模式有如下三个特点。

业培融合：岗位标杆、业务管理者作为内容专家参与到学习地图项目构建过程中，其对学习地图的构建逻辑、成果要素均较为熟悉，对学习地图成果落地的理解和支持就会比传统咨询项目模式更多。学习地图成果落地不仅是人力资源部门的事情，也是业务部门的事情，这样项目成果才更易落地。

高效敏捷：当组织在规划多序列/岗位学习地图时，通过学习地图工作坊可以实现"批量开发"、分小组同步推进，学习地图项目实施效能将比传统咨询项目模式大大提高。

成果科学：目标岗位所属的业务部门作为学习地图项目的牵头部门，在项目调研、学习地图工作坊组织、学习地图成果审核各关键环节都将深度参与进来，外部经验对标、内部经验萃取，使成果的科学性、可操作性更强。

8.2 学习地图顾问的核心能力

基于对学习地图顾问的工作内容和工作标准的分析，要成为一名优秀的学习地图顾问必须具备六项核心能力，即业务导向、专业深耕、过程咨询、引导激发、辅导反馈、学习反思。这六项核心能力在关系上呈房形结构，是学习地图顾问能力发展的参照标准，如图8.1所示。

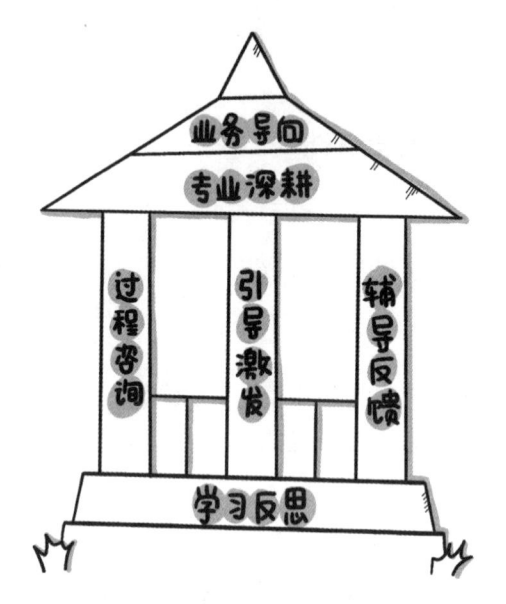

图8.1　学习地图顾问六项核心能力

处在顶层位置的核心能力是业务导向，即要从业务发展的视角看待人才发展的问题。学习地图顾问的各项能力（包括业务理解和业务分析的能力）都离不开业务视角。这也是学习地图顾问工作的第一指导原则。

处在房梁位置的核心能力是专业深耕，即学习地图顾问要精通学习设计领域的专业技术，了解人才发展、人才管理方面的专业知识，把学习地图项目各项要素串联起来以完成从业务发展到学习发展的分析。

处在房柱位置的核心能力有三项，分别是过程咨询、引导激发和辅导反馈，三位一体，成为学习地图顾问核心能力的三支柱。过程咨询能力主要包括信息收集、分析思维和总结归纳三个维度；引导激发能力主要包括工作坊流程设计、引导过程把控和团队动能激发三个维度；辅导反馈能力则主要包括倾听、提问和指导三个维度。

处在地基位置的核心能力是学习反思，即学习地图顾问不仅能够快速学习，强调学习的横向张力，还能够持续学习，强调学习的纵向深度，并通过自我反思总结，持续更新学习地图技术，以面对组织需求的不确定性和学习地图对象的特殊性。这是学习地图顾问核心能力的基础。

8.2.1 业务导向

业务导向的第一层内涵是学习地图顾问要具备业务视角，即在学习地图项目的各环节都要坚持"从业务中来，到业务中去"的原则。一是在项目流程上，学习地图顾问必须对目标群体的业务现状、业务痛点、业务目标、绩效差距有所了解，从业务视角看待现状和问题，实现学习地图开发的业务驱动。二是在学习地图项目各环节做决策时，都要从业务视角来判断。例如，岗位成长阶段如何划分？岗位核心知识技能有哪些？是否需要这个课程主题？课程学习时长如何安排？

业务导向的第二层内涵是学习地图顾问要具备业务理解能力，即能通过资料分析等方法快速了解基础信息，了解业务现状；掌握与业务专家对话的方法技巧，在与需求方进行业务沟通的过程中，关注业务问题，能够通过对方的描述，快速识别需求的真实性和紧迫性。

业务导向的第三层内涵是学习地图顾问要具备业务分析能力，即在业务理解的基础上分析信息背后的真实需求，并能够运用业务分析的方法对学习地图的内容进行开发和指导，包括业务流程分析、业务挑战分析、解决策略设计、应用工具梳理等。

8.2.2 专业深耕

专业深耕的第一层内涵是学习地图顾问要精通学习设计相关的专业技术，即基于业务目标和学习目标，综合运用

各种学习技术为内外部客户设计学习解决方案的能力。学习设计要以系统化原则为指导，把所有学习要素（如培训师、学员、教材、教学环境、训后实践、培训管理举措等）看成一个系统，在分析学习需求、设定学习目标、设计学习策略、制定运营机制时充分关注这些要素的有效互动，综合运用各种学习技术，以使学习效果最优。

专业深耕的第二层内涵是学习地图顾问在精通学习设计的基础上，要了解人才发展相关的专业知识，包括胜任力模型搭建与人才识别、员工能力盘点、人才评价、关键人才培养计划、继任者计划、岗位管理等。人才发展的标准通常是学习发展的输入项，因此了解人才发展的标准与现状，将让学习地图的设计更有针对性。反之，学习地图也是开展人才评价的前提。我们在开展人才评价之前，需要为目标群体提供清晰的学习指引、学习资源，帮助其提高能力，从而提高人才评价的价值。学习地图顾问需要了解该企业人才发展的各类标准框架和内容，并将其运用到学习地图构建的过程中。

专业深耕的第三层内涵是学习地图顾问在精通学习设计的基础上，要了解人才管理相关的专业知识。一是要了解职位管理体系相关的专业知识（这是学习地图顾问进行学习地图规划及对象分析的能力基础），并通过职位管理体系，将学习地图的发起、构建和应用关联起来。二是要了解人才管理的招聘选拔、绩效考核、晋升保留等专业知识，并且能将这些专业知识与不同行业、不同岗位的特性进行关联，具备打通培训与人力资源各模块连接的能力。

8.2.3 过程咨询

过程咨询的第一层内涵是学习地图顾问要具备信息收集能力，即根据项目的需要，能够通过各种方法获取有用信息（不局限于客户提供的现有材料）。一是在

面对新业务、新岗位时，通过询问相关知情人员或到现场对情况进行观察，收集有用信息。二是接触尽可能多的渠道或项目利益相关方，获得他们的观点、背景资料及经验等各种信息。三是养成信息收集的习惯，通过各种渠道获取信息，对收集到的信息进行分类、整理和保存。

过程咨询的第二层内涵是学习地图顾问要具备分析思维能力，主要包括：一是对问题进行有效分解，将整体分解为各项独立的任务或活动，并罗列出来，对问题进行逐步推进式的分析。二是认识到复杂因果链，不满足于表面信息的获得，能够深入询问，发掘潜在机会（本领域特指学习机会的挖掘与转化）。三是通过分析预测可能的挑战，能够事先想出几种不同的解决方案，在结合企业需求和项目特点的基础上，对不同方案进行判断和选择。

过程咨询的第三层内涵是学习地图顾问要具备总结归纳能力。学习地图顾问要帮助业务专家整合观点，把零散的信息整合成一个完整的逻辑体系，并达成集体共识。例如，通过白板记录、卡纸书写与呈现、团队列名、九宫格、2×2矩阵等方法把观点进行显性化，并对信息进行分类、总结、提炼，形成新概念。在某个环节研讨结束后，学习地图顾问需要通过总结归纳，让大家对研讨成果有统一的理解，并指出成果的内在逻辑性，从而推动共识的达成。

8.2.4　引导激发

引导激发的第一层内涵是学习地图顾问要具备工作坊流程设计能力。参考《大师级引导》一书提出的"引导师的咨询策略"[1]，并结合学习地图工作坊的特殊场景，学习地图顾问在对工作坊进行流程设

1　本斯.大师级引导[M].韦国兵，等译.北京：电子工业出版社，2021.

计时可以从三个维度来考量。一是整体流程设计，在工作坊前期设计好议程（包括研讨场域准备、整体时间安排和阶段性研讨成果界定），在工作坊准备、开场导入、个人思考、小组思考、集体决策、关闭总结等不同场景下选择引导工具。二是活动流程设计，在重点研讨共创环节，制定清晰的操作步骤，明确每个步骤的规则。常见的学习地图工作坊引导活动包括入场调查、书写式头脑风暴、各阶段的团队共创、结对子分享、ORID焦点讨论法、成功故事分享、世界咖啡、闭场圈总结等。三是流程调整，尽管整体流程和单一活动流程都设计好了，但是在实际工作坊中常常会根据现场研讨状况对流程进行调整。流程调整以关注参会者体验、实现工作坊目标为依据，包括时间调整、环节增减、暂时搁置、话题转换等。

引导激发的第二层内涵是学习地图顾问要具备引导过程把控能力。在工作坊的讨论、分享和共创等环节，为了保证流程顺利进行，提高研讨效能，当有人偏离培训主题或讨论话题时，学习地图顾问要及时复述流程和时间要求，有时甚至要调整流程和时间，引导业务专家聚焦到共创主题上。一是引导参会者发散思考与收敛总结，在共创过程中贡献智慧、群策群力、达成共识。要对研讨进程进行把控，在每个共创环节设置时间要求和规则，如延迟判断、求同存异、一次一个声音，并解释该规则的含义与重要性。在研讨过程中，及时提醒参会者注意时间。二是及时给予干预，当发现小组里有人身体后倾、摇头、皱眉、叹气、沉默甚至抱怨时，虽然这些学员表现出来的失当行为不是很明显，程度也不强烈，但学习地图顾问越早干预，效果就会越好。同时，针对一些具体且常见的失当行为，学习地图顾问可以通过提前准备来应对。这些常见的失当行为包括使用手机的频率过高、沉默旁观者状态、较高比例的迟到、个别专家干扰、活动超时严重、讨论中情绪与言语过激、经常插话打断他人等。三是设计停车场，一些争议问题在短时间内难以达成共识，此时可以将此类问题悬挂、张贴在停车场海报上，在后续研讨中继续关注这个问题是否被解决。

引导激发的第三层内涵是学习地图顾问要具备团队动能激发能力。学习地图顾问在关注流程的同时也要关注人的因素，关注参会者的动能，通过场域搭建（现场研讨环境、共创安全感、互动氛围等）、赋予能量（各组PK竞赛机制、给予参会者及时肯定、顾问声音和肢体语言等）、建立连接（分组、跨组分享、学习伙伴、互相倾听）等让参会者在研讨中感受到被尊重，能够自由畅想和表达观点。对参会者在各环节取得的成果表示公开赞扬，对研讨会中出现的失当行为（如参会者的迟到、早退、刷手机、沉默不参与、私下讨论、处理其他工作、负面评论、消极对抗等）进行有效管控。

8.2.5 辅导反馈

辅导反馈的第一层内涵是学习地图顾问要具备倾听能力。学习地图顾问在项目中是流程专家、方法专家，内容专家则由业务骨干、管理者担任，所以在访谈、工作坊研讨中，学习地图顾问的倾听能力就显得尤为重要。倾听是辅导反馈的基础。学习地图顾问在接收信息、理解信息、确认反馈的过程中要放下自己的观点，对参会者的观点给予足够关注，尝试走进学员的内心。即，先放下自我观点，完整地倾听对方的观点，理解对方观点的本意。在接收完整信息的基础上，还要换位思考，从对方的视角理解对方思考的原因，以便更好地理解对方及对方的观点。在客观、同理的基础上，将业务专家之间的观点进行连接，求同存异，找到共识。

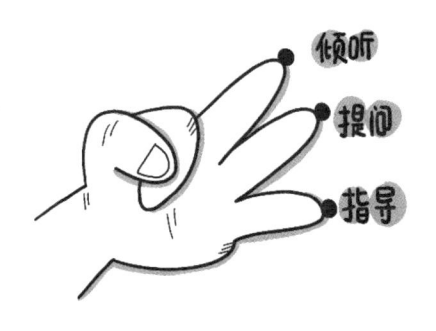

辅导反馈的第二层内涵是学习地图顾问要具备提问能力。一是提问要简单清晰，问题描述简单、指令清晰，让学员一听就明白，启发学员深度思考。二是提问要引发探讨，好的问题可以帮助他人/其他小组对知识进行识别

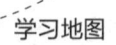

和重组，引发思考和探讨的兴趣，快速将外在的知识转化为自己的认知。三是提问要浮现假设，学习地图顾问要关注参会者观点背后的逻辑和假设。如果参会者在倾听对方观点时，没有理解对方观点背后的逻辑和假设，就会出现"你讲你的、我讲我的"的情形，导致讨论偏题。所以，学习地图顾问要通过提问确认，让学员观点背后的假设浮现出来，确保所有人的讨论在同一频道上。

辅导反馈的第三层内涵是学习地图顾问要具备指导能力。一是愿意分享经验，愿意与学员分享成败的经验，提供采用某种做法的原因，帮助学员理解以强化产出的质量，协助学员顺利完成任务。二是给予详细的示范，告诉学员完成某项任务的具体步骤，提出明确有用的建议。三是提供及时的反馈，对学员的工作表现及时给予客观的、有针对性的反馈，帮助学员认识到需要改进的地方或取得进步的方面。在学员遇到挫折时给予支持和鼓励，针对行为而非个人给予反馈，并对学员未来的表现表达出正面期待或给予个别化的改进建议。

8.2.6 学习反思

学习反思的第一层内涵是学习地图顾问要具备快速学习能力。学习地图顾问作为方法专家会承接不同群体或业务的学习地图项目，而且同样群体或业务的学习地图在不同企业、不同区域的发起人诉求也有差异。学习地图顾问需要积极利用多种途径和多种资源为自己创造学习机会，通过有目的的学习和实践，快速增加专业认知，提高专业技能。例如，需要快速熟悉学习地图相关的管理知识、文化体系、业务知识、岗位知识、人力资源知识等，用它们来分析和验证学习地图的产出，并提出有效的解决办法。例如，我们承接了某城投公司拆迁管理岗的学习地图项目。这类岗位

对学习地图顾问是全新领域，所以学习地图顾问需要快速了解拆迁管理岗的工作模式、上下游工作对接人、主要工作职责、工作挑战、该岗位在总部和分公司的组织架构、人员数量和任职资格履职情况、过往培训效果及反馈等。学习地图顾问只有具备这样的学习能力，才能在学习地图工作坊中有效引导业务专家，做好成果的审核与辅导。

学习反思的第二层内涵是学习地图顾问要具备持续学习能力。学习地图技术涉及调研访谈、工作坊引导、业务诊断、流程分析、能力建模、岗位分层、学习设计等多种技术。学习地图顾问需要在专业技术上持续深耕，才能驾驭这些技术，并将其应用在学习地图项目构建的全流程。一个优秀的学习地图顾问对学习地图各模块的专业技术及其背后的学科原理、工作逻辑要有清晰认知，并要开阔视野，持续探索更优的解决方案，不断追求卓越，形成自己的独特见解。

学习反思的第三层内涵是学习地图顾问要具备反思总结能力，以开放的心态听取不同的意见和建议，对成功与失败的经验进行反思与总结。一是主动复盘学习地图项目构建过程及其成果应用阶段的不足，听取项目成员的建议，找到团队与个人能力提高的关键因素，有针对性地做出改变，并持续改进。二是不拘泥于过去的成功经验，虚心学习企业内外的优秀成功案例，不断更新迭代学习地图技术体系，主动反思项目管理策略和技术操作路径，获取更大的竞争优势。

8.3 学习地图顾问的成长路径

8.3.1 学习地图顾问的三个层级

根据在学习地图项目中承担的职责及对应的能力要求，我们将学习地图顾问分为初级、中级、高级三个层级。

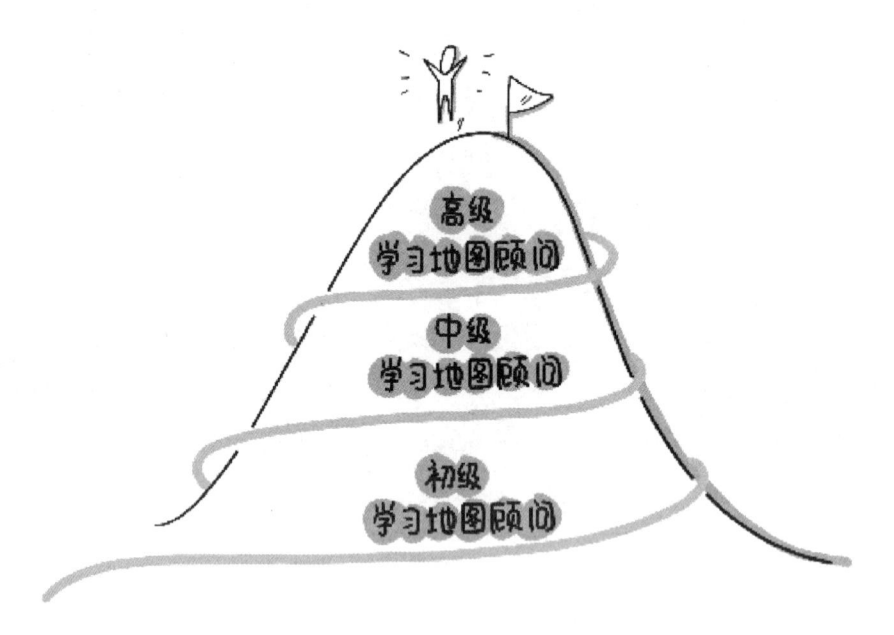

初级学习地图顾问：能够应用资料分析、调研访谈等方法完成学习地图素材收集，并通过任务分析、能力画像、学习设计等工具完成学习地图过程的推导，能够独立开发出学习地图成果套件。

中级学习地图顾问：能够在掌握基础信息的基础上，通过工作坊带领业务专家完成任务梳理与分析、能力画像绘制、学习路径与内容设计，并能够独立开发出学习地图成果套件，成果科学性高，可落地性强。

高级学习地图顾问：能够基于业务导向完成企业级学习地图的整体规划，选择关键群体/业务为对象，在学习地图项目构建中对接企业任职资格标准、招聘选拔、晋升淘汰、梯队建设等人力资源模块，将学习地图成果应用与培训计划制订、培训资源开发、培训项目运营关联起来，推动学习地图成果落地。

8.3.2 学习地图顾问的能力测评

请结合自己过往参与学习地图项目的真实场景，以表8.2中各层级学习地图顾问的行为描述，来测评自己的能力等级。如果你还没有这类培训体系与规划方面的经历，这个行为分级测评表也可以成为你在学习地图顾问转型路上的行为指引。这些行为描述完全符合的画"☺"，完全不符合的画"☹"，介于符合和不符合之间、可能会做的画"😐"。

表 8.2 学习地图顾问行为分级测评表

初级学习地图顾问：

序号	行为描述	自我测评
1	理解学习地图构建的内在逻辑，能够正确阐述学习地图各阶段的工具原理和使用方法	
2	能够对目标人群相关的业务资料、岗位资料、培训资料进行梳理和分析，提取关键信息	
3	能够与项目发起人进行沟通，就项目目标、范围、成果达成一致，并设计项目实施流程	
4	能够运用行为事件访谈法访谈岗位标杆，分析任务图谱、关键行为及挑战、知识技能及学习需求	
5	访谈目标人群的管理者，从业务视角、管理视角完善能力画像，针对性地设计学习路径和学习方案	
6	独立完成学习地图成果套件的制作，并通过组织验收会向参会者介绍学习地图成果，引导参会者对成果进行修订与确认	

中级学习地图顾问：

序号	行为描述	自我测评
1	对三类资料、调研访谈等信息进行分析，完成调研分析报告并进行汇报，获得项目发起人和管理层的重视和支持	
2	关注项目发起人的需求，进行阶段性复盘与确认，根据现场情况及时调整，优化项目流程	
3	能够指导他人完成工作坊场域的设计，并在引导过程中，以目标为导向，有效管理时间、研讨进度和参会者研讨状态	
4	当学习地图工作坊中出现冷场、气氛沉闷、抵触情绪等失当行为时，采用有效的引导工具促进参会者之间的互动和共识	
5	能够设计并实施以特殊群体为对象的学习地图项目，如中层领导力学习地图、新员工学习地图、科技金融专才学习地图等	
6	学习地图构建成果更加多元，能够带领业务专家产出自学阅读指南、在岗辅导指南等，丰富学习手段	

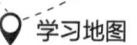

高级学习地图顾问：

序 号	行为描述	自我测评
1	熟悉人力资源管理基础知识，通过访谈业务、人力/培训的高层，厘清学习地图规划，确定学习地图对象	
2	在学习地图项目构建中有效对接企业任职资格标准、招聘选拔、晋升淘汰、梯队建设等人力资源模块，从组织视角构建项目	
3	快速整合多方信息，区分不同意见或分歧的核心，无缝切换引导者、咨询顾问、学习设计师的身份，推动研讨进程	
4	组织多岗位同步研讨模式的学习地图工作坊，平衡学习地图工作坊中的"引导"与"辅导"，让学习地图项目更敏捷、高效	
5	能够设计并实施以关键业务/组织能力为对象的学习地图项目，如网点转型学习地图、ICT（信息与通信技术）业务学习地图、数字化经营学习地图等	
6	熟悉学习地图成果落地应用系统，并推动学习地图成果在培训计划制订、培训项目交付、培训资源开发中的应用	

8.3.3 能力分级自测结果记录表

我可以巩固和创新的能力（那些画 ☺ 的行为）：

我需要关注的能力（那些画 ☺ 的行为）：

我需要大力提高的能力（那些画 ☹ 的行为）：

参考文献

［1］本斯.大师级引导[M].韦国兵，等译.北京：电子工业出版社，2021.

［2］肯纳.结构化研讨：参与式决策操作手册[M].闾永俊，译.3版.北京：电子工业出版社，2021.

［3］威尔金森.引导的秘诀[M].甄进明，等译.升级版.北京：电子工业出版社，2021.

［4］韦国兵，施英佳.引导式培训.北京：电子工业出版社，2018.

［5］尤德尔，乌迪尔.玩转移动学习[M].韦国兵，等译.北京：电子工业出版社，2017.

［6］安德森，等.布卢姆教育目标分类学：分类学视野下的学与教及其测评[M].蒋小平，等译.北京：外语教学与研究出版社，2009.

［7］W.迪克，等.系统化教学设计[M].庞维国，译.上海：华东师范大学出版社，2007.

名词解释

项目发起人：对项目的开展拥有决策权，对项目结果拥有评价权的关键人。

项目经理：学习地图项目的直接负责人，负责调动内外部资源，保障学习地图项目的顺利推进。一般由培训经理或业务主管来担任。

业务专家：具备高绩效、高能力、高意愿的岗位标杆及目标岗位的业务指导者。

学习地图顾问：带领业务专家完成学习地图构建并对项目成果质量负责的专业人员，包括企业外部机构学习地图顾问和企业内部学习地图顾问。

学习地图工作坊：由学习地图顾问引导业务专家研讨共创，共同完成学习地图成果核心要素开发的一种研讨方式。

工作任务：需要完成的工作内容，颗粒度介于工作职责和具体行为之间。在本书中，当工作任务与其他词语组合使用时简称任务，如任务清单、任务图谱、典型任务等。

任务图谱：含任务清单、任务定义、胜任标准三个要素，即"干什么""是什么""怎么干"，是对岗位工作任务的完整扫描。

能力画像：将所需知识、技能、素质与成长阶段进行匹配，从而清晰定义不同成长阶段的能力要求。能力画像有四个要素，即知识词典、技能词典、素质词典和成长阶段,是学习方案设计的重要依据之一。

知识词典:含知识清单和知识定义的描述。在学习地图项目中,知识词典的价值在于指导知识原理类学习内容的设计。

技能词典:含技能清单和技能定义的描述。在学习地图项目中,技能词典的价值在于指导技能训练类学习内容的设计。

素质词典:含素质清单、素质的场景化定义和素质的分层行为描述三要素,用于提升能力画像的完整度,同时指导综合素养类学习内容的设计。

自学阅读指南:含自学阅读清单、自学阅读内容分析、自学阅读顺序设计三要素。

课程体系:含学习主题、学习内容分析、学习考核方式、学习内容来源等要素,从而形成分层分类的学习指引,包括在线和面授两类课程体系。

在岗辅导指南:含在岗辅导的主题选择、难点分析、胜任标准、观察记录、胜任判断等要素,重在解决在岗辅导中的"教什么""谁来教""怎么教""怎么评"等问题。

学习方案:含自学阅读、在线学习、面授培训、在岗辅导等多种学习方式。在学习地图项目中,通过学习地图总图的形式展现出来。

百年优学学习地图的五种服务模式

百年优学成立于2012年，定位于"引导式学习设计专家"，致力于引导技术与学习技术融合的研究、实践和推广。

百年优学的核心服务能力为：一手抓人才发展，通过引导技术结合人才发展需求，推动人才发展系统化解决方案的设计与落地，如学习地图构建、学习资源开发；一手抓业务赋能，通过引导技术结合业务发展需求，推动业务问题的解决和业务创新发展，如各类引导共创工作坊、行动学习项目。

在学习地图构建服务方面，过去10年，百年优学为互联网、金融、智能制造、通信、能源、快消品、建筑交通、房地产等行业100余家标杆企业提供过学习地图咨询与赋能服务。我们以学习地图工作坊为载体，开发了学习地图项目和学习地图版权课程两类产品形态，并以五种服务模式为组织和个人提供定制化的服务支持。

详情咨询亚平老师：电话：18019582086
关注微信公众号"引导式学习设计坊"，回复"学习地图"，阅读详细企业案例。

百年优学学习地图的五种服务模式

服务模式	项目产出	训前调研	工作坊	训后服务	项目特点及实践案例
项目版——引导式标准版	单岗位定制化开发	资料分析 对标分析 访谈4~6人	2天	成果制作与汇报验收	项目特点：针对企业的关键群体（组织绩效关联度高、工作内容复杂、人数规模大），成果科学性高，便于实现从学习地图建设到体系建设到资源开发再到落地实施的一体化管理。 实践案例：惠普中国MDM（移动设备管理）、京东零售POP（平台开放计划）、中国电信集团ICT（信息与通信技术）、华润雪花运营经理、平安银行RM（信贷理财经理）、招商银行风险经理、贵宾理财经理等
项目版——引导式敏捷版	2~3个岗位批量式开发	资料分析 访谈1~2人/岗	1~2天	成果制作与汇报验收	项目特点：一次工作坊同步完成2~3个岗位学习地图构建，同时对顾问辅导能力要求更高，后台成果加工需要更多的关注、产出效能更高。 实践案例：中国银行上海分行全序列、平安银行个贷条线、益海嘉里市场三支队伍、贝壳找房序列、海南联通五大业务部、中广核中基层管理者等
项目版——过程咨询版	按岗位分阶段实施	资料分析 访谈8~10人/岗	0.5天（验证工作坊）	成果制作与汇报验收	项目特点：针对部分岗位业务专家无法集中时间集中的情况，采取增加调研深度和广度的方式，同时通过"验证工作坊"的模式来对顾问前期设计的学习地图成果进行校准。 实践案例：浦发银行法律顾问、民生银行价值客户经理、中国电信总经理、天翼电信中基层管理者、伊利生产班组长等
赋能版——业务专家为主	多岗位批量式开发	资料分析	1~2天	成果辅导（可选）	项目特点：基于学习地图规划，自主完成各岗位学习地图成果产出。甄选各目标岗位的业务专家在工作坊中干中学，适当的成果辅导，提高产出质量。 实践案例：中国银联全序列、OPPO供应链事业部、蒙牛技术条线、广汽研究院研发序列、国投建造中心等
赋能版——培训专家为主	单岗位示范+多岗位模拟练习	在线学习 训前答疑	2天	学员实践作业评审	项目特点：一是针对企业内训，通过内化学习地图技术及版权转移完成企业学习地图顾问的认证。二是以行业公开课的形式进行学习地图顾问认证，"培伴"在训后辅以在线训练营。 实践案例：CSTD（中国人才发展平台）学习地图顾问认证、字节跳动、阿里巴巴、京东、贝壳、华为、OPPO、平安银行、华润雪花、伊利液奶、中国石油、华新水泥等

181

反侵权盗版声明

电子工业出版社依法对本作品享有专有出版权。任何未经权利人书面许可,复制、销售或通过信息网络传播本作品的行为;歪曲、篡改、剽窃本作品的行为,均违反《中华人民共和国著作权法》,其行为人应承担相应的民事责任和行政责任,构成犯罪的,将被依法追究刑事责任。

为了维护市场秩序,保护权利人的合法权益,我社将依法查处和打击侵权盗版的单位和个人。欢迎社会各界人士积极举报侵权盗版行为,本社将奖励举报有功人员,并保证举报人的信息不被泄露。

举报电话:(010)88254396;(010)88258888
传　　真:(010)88254397
E-mail:　dbqq@phei.com.cn
通信地址:北京市万寿路173信箱
　　　　　电子工业出版社总编办公室
邮　　编:100036